立ち読みしなさい！

認知科学者／カーネギーメロン大学博士
苫米地英人

「1年前の私」が「現在の私」を見たら間違いなく驚くだろう。

なぜなら、出版業界で一度も働いたことがない〝ド素人〟が出版社の社長になったからです。出版に関する知識も経験も技術も全てなかった私が、累計３００万部も突破された苫米地先生の本を出版させていただきました。

つまり、たった1年で人生が激変したわけです。

そんな私が一体、何をしたのか？
それは、この本に書かれている「３つの秘密」を実践しただけです。

これはヤラセではなく、正真正銘の真実です。
１２０％の情熱と愛情を込めて作りました！

ありがとう出版　代表取締役　内山和久

立ち読みしなさい！

この本には最終ミッションがあります。
それは読者の中から〝ヒーロー〟を生み出すこと。

◆立ち読みしなさい！

100人中、100人が読んでみたいと思う本を書きました。

それは〝夢を叶える攻略本〟です。

大きな夢、小さな夢、他人からバカにされるような夢、どんな夢でも構いません。
この本は、あなたの夢を120パーセント実現させるための本です。
「夢を叶える方法」その一点だけに絞り本気で話をします。

まず最初に〝あなた〟にお聞きしたいことがあります。
それは「今までの人生の中で、夢を叶える方法を一度でも教えてもらったことがありましたか？」という質問です。

「頑張って勉強しなさい」「努力しなさい」「志を高くしなさい」「夢を紙に書きなさい」。
そのような曖昧（あいまい）な内容ではなく、**小学生にでも分かる明確で具体的な方法**です。

両親や学校の先生、友人、恋人、著者、芸能人、会社の社長や上司など、誰からでもいいので夢を叶える具体的な方法を、一度でも教えてもらったことがあったでしょうか？

おそらく、ほとんどの人が教えてもらったことすらないはずです。
夢を叶えられない原因、それは誰も教えてくれないからです。
夢を諦める方法は教えてくれますが、夢を叶える具体的な方法は残念ながら誰も教えてくれません。

夢を叶える方法、それは認知科学者の私が長年研究し導き出した究極の理論です。

しかも、あなたが夢を叶えるまで、たったたった3つのステップしかありません。

たった3つだけです！

夢を叶える方法を具体的に、明確に、そして情熱を込めて話します。
特に「叶えたい夢がない！」という方は必ず読んでください。

こうすれば、夢が叶い、こうすれば夢は叶わない、そんな人生のターニングポイントまでを分かりやすくハッキリと書き記したトンデモナイ内容です。

次のような方にぜひ読んでほしい！

①今まで多くの本を読んできたが人生が変わらない。
②いろいろなセミナーに出席したが夢が叶わない。
③失敗することが怖くて行動することができない。
④そもそも、叶えたい夢がない。
⑤自分に自信がない。
⑥いつもお金に困っている。
⑦何をどうしていいか分からない。

①～⑦番のうち4つ以上当てはまる方は特に危険です。
なぜなら、「見えない敵」から攻撃を受けている可能性が高いからです。
見えない敵は、あなたを〝不幸〟という落とし穴に突き落とす恐るべき存在です。
あなたから夢を奪い非常にツライ人生を押し付けてきます。

本書には〝夢を叶える贈り物〟を随所に盛り込みました。

人生を変えるプログラムです。


本編の内容を少しだけ公開しましょう！

まず、叶えたい夢がない人、自分の人生に迷いがある人、人生に違和感を抱いている人が、本当に叶えたい夢や人生を見つけるところからスタートします。

その後、8つのパートでしっかりとしたマインドを身につけ、3つのステップで確実に夢を叶えていきます。


また私の著書では、今回はじめて漫画を採用しました。

これは〝人生を変えるプログラム〟をできるだけ分かりやすくお伝えするためです。


本書の価格は、わずか1500円。ランチ2回分程度の価格で、一生涯使える価値観とマインド、さらに人生を激変させるパワーまで手にすることができるのです。

「夢を叶えたい！」「人生を変えたい！」「幸せになりたい！」という方は、今すぐ本書を買って〝素晴らしい夢〟を一緒に叶えましょう！　迷わず直感で動いてください。

◆どちらかの人生を選べるとしたら？

世間一般で言われている「天国」と「地獄」が本当にあると仮定します。

そして、死後の世界をもし自分で選べるとしたら、あなたならどちらを選びますか？

どちらでも好きな方に行くことができますが、一度選択をすると二度と変更することはできません。


「天国」とは、苦しみや争いがない愛の世界。満ち足りた幸福の世界です。

「地獄」とは、騙し合い、争いが絶えない世界、苦しみが続く世界です。


おそらく、100人いれば100人が「天国」を選ばれると思います。

「地獄」になんて誰も行きたくありません。

苦しみが続く世界なんて想像したくもないからです。


それは私たちが生きている現実世界でも同じではないでしょうか？

「天国と地獄」ではなく「幸せな人生」と「不幸な人生」を自由に選べるとしたらどう

でしょう？

「幸せな人生が天国」で「不幸な人生が地獄」という意味です。どちらか自由に選べるのであれば、こちらも100人いれば100人が「幸せな人生」を選ばれると思います。


しかし、現実はどうでしょう？

我が国、日本だけでも年間3万人以上の方が自分で自分の命を絶っています。鬱病や精神病などで苦しんでいる人たちはさらにその何十倍もいます。1億人いれば1億人が「幸せな人生」を望んでいるのに、どこでどのように間違ってしまうのでしょうか？


想像してみてください。

今、あなたが歩いている人生の道が、実は〝不幸な人生〟へ続く道だとしたら……。

読者の中にはすでに〝不幸な人生の道〟を知らず知らずの間に選ばれた人もいるはずです。

間違った道を選べばその人生は過酷なものとなります。

本書は「幸せな人生」と「不幸な人生」の分岐点を明確にした画期的な本です。

1本の道は「幸せな人生」に続き、もう1本の道は「不幸な人生」に続いていることを分かりやすく説明しました。

まさしく運命の分かれ道、人生のターニングポイントまでを書き記しました。

正しい選択をすれば夢が叶い、なりたい自分、幸せな人生を手に入れることができます。


つまり、本書を読めば幸せな人生を送ることができます。

本当に叶えたい夢を叶えることができます。

できるだけ多くの人が夢を叶え、幸せな人生を歩んでほしい。

そのように心から願って本書を執筆しました。


この本には、あなたが抱える悩みを一気に解決し、夢を実現できるパワーがあります。

これから一緒に夢を叶え、素晴らしい人生へ旅立ちましょう！


この本の主人公は〝あなた〟です。

あなたが夢を叶え、幸せな人生を送られることを全力でサポートします！

目次

目次

[第三章] 見えない鎖を引きちぎれ！

目次

目次

［最終章］夢を叶える最終兵器

序章

あなたの瞳は子どもの頃のようにキラキラ輝いてますか?

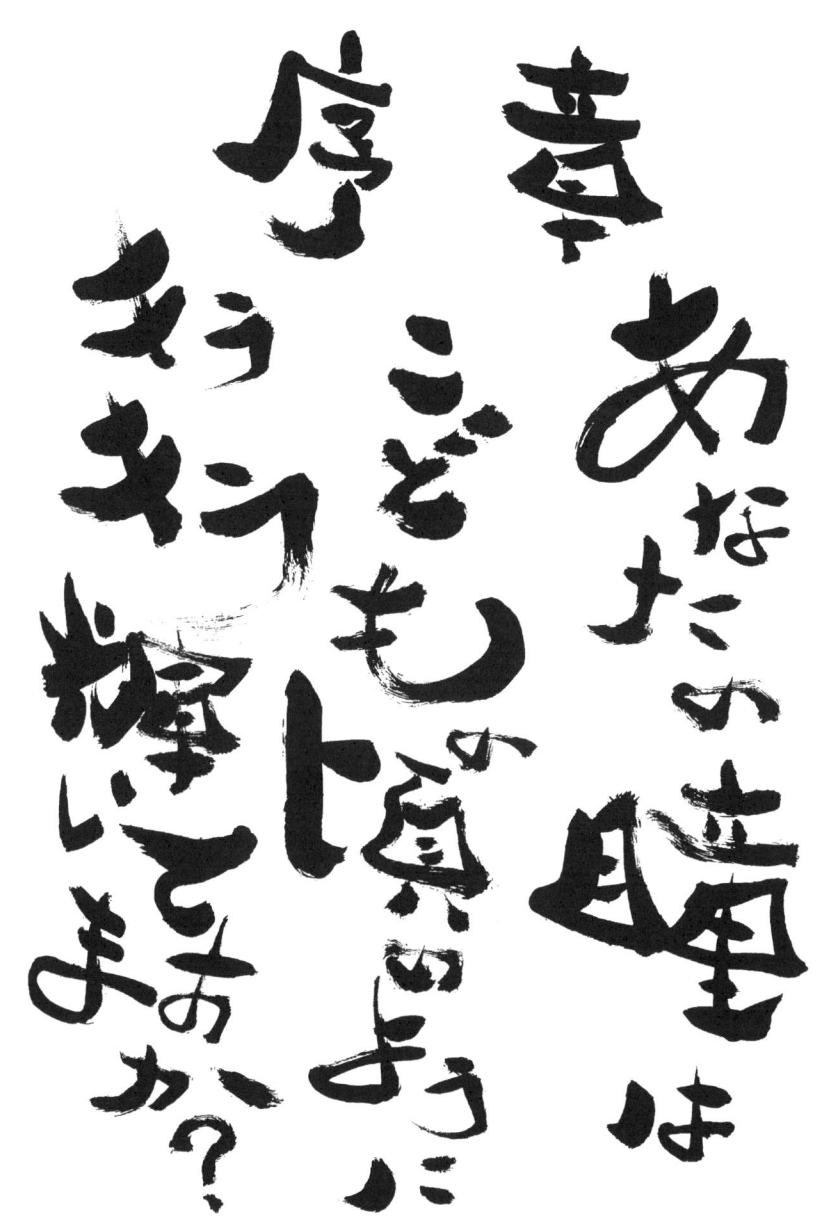

◆砂漠に水を撒いていないか?

今から簡単なクイズを出題します。想像しながら聞いてください。

あなたは桜の苗木を植える仕事を頼まれました。
桜の苗木を植える場所の候補は次の3カ所です。
①〜③番のどこに植えてもいいとしたら、あなたは何番を選ばれますか?

①桜の名所になっている国立公園
②近所の空き地
③砂漠のど真ん中

何番を選ばれたでしょうか?
多くの人は①番の桜の名所にもなっている国立公園を選ばれると思います。信頼も実績も兼ね備え、桜の花が咲く確率が一番高そうな場所だからです。
②番の近所の空き地を選ばれる方もいるかもしれません。きちんと管理すれば花も咲

くでしょう。

しかし、③番の砂漠を選ばれる方はいないと思います。なぜなら、どれだけ注意を払って育てたとしても決して花が咲かないからです。天候も土壌も全て桜の木には合いません。

つまり、根本的に間違っています。

この根本的に間違っているという点が、このパートでは最重要課題です。

桜の花を咲かせるために水を与えることは大切です。

しかし、植えた場所が砂漠であれば、どれだけ水を撒いても全て無駄な努力になってしまいます。これは私たちが夢を叶える時も同じです。砂漠に桜の苗木を植えても花が咲かないのと同じように、根本的に間違った考え方でいくら努力しても、夢は叶いません。

つまり、あなたが夢を叶えるためには、あなたの夢に適した環境やマインドが必要です。

もし、あなたが夢を叶えるために必死に努力をしてきたのに、一向に夢が叶わないというのであれば、桜の苗木を砂漠に植えているのと同じ可能性があります。

努力する環境やマインドが根本的に間違っているということです。

勘違いしてほしくないことは、努力をするなという意味ではなく、無駄な努力はしないでくださいという意味です。

たとえば、多くの人が何か失敗をした時、努力が足らなかったと思います。しかし、本当に努力が足らなかったことが原因なのかを一度、見つめ直すことが大切です。

◎Aさんの場合

営業の仕事をしているAさんがいます。そのAさんが1カ月間、頑張って働いたにもかかわらず、営業ノルマを達成することができませんでした。すると上司から「気合いが足りない！」などと怒られ、Aさんはさらに努力をするようになります。

このような話はよく耳にすることですが、ここで考えないといけないことは「根本的に間違っていないか？」ということです。

そもそも、そんなに努力しないと売れない商品を取り扱っている時点で根本的に間違っている可能性があります。

◎Bさんの場合

いつもお金に悩んでいるBさんがいます。貯金どころかいつも借金状態が続いています。頑張って働いても一向に収入が増えません。

Aさん、Bさんとも、努力をしていることは素晴らしいことです。
しかし、砂漠に水を撒いている可能性も同時に考えなければいけません。
つまり、根本的に間違った努力をしている可能性があるということです。

あなたも努力をしているのに一向によくなる気配がない、そんなことはありませんか？もし思い当たることがあれば、あなたも砂漠に水を撒いている可能性があります。
本書を通して一緒に見直していきましょう。

ここからは別次元の話として聞いてください。この本には最終ミッションがあります。それは読者の中から〝ヒーロー〟を生み出すことです。根本的に間違っている例えとして、砂漠に水を撒く行為を話しました。しかし、本書を読み終えた後、全てを理解した上で砂漠に水を撒くような人が現れることを熱望します。なぜなら、かつて砂漠であったカリフォルニアや国の北部にしか真水の水源がなかったイスラエルが国の政策により、今では肥沃な緑の大地を手に入れました。このように絶対に無理だと思うことを成し遂げる人のことを人々は〝ヒーロー〟と呼びます。あなたにもぜひ達成困難だと思う難題をクリアし、いつの日か〝ヒーロー〟と呼ばれる人になってほしいと願っています。

◆磨けば光る原石

あなたはネガティブな赤ちゃんを見たことがあるでしょうか?

何をするにも億劫(おっくう)で卑屈、常にネガティブな赤ちゃんは存在しません。

「あなた」も私も、赤ん坊の頃は常に前向きで活発、何事に対しても興味津々、目をキラキラと輝かせ、素晴らしい未来を想像してきました。

まさしく磨けば光る原石、未来の宝として〝あなたは〟この世に生を受けたのです。


ところがどうでしょう?

磨けば光るはずが、知らない間に自信を失い、本気で笑うことも忘れ、キラキラ輝いていた瞳から希望の光も消えていきます。


夢も希望も自信も私たちは全て持って生まれてきました。

全て大切な宝物です。

私たちから希望の光を奪ったのは否定と挫折です。子どもの頃を思い出してください。

私たちが物心つく前から両親から教育という名の否定をされてきました。

「あれをしてはダメ！」「これをしてもダメ！」私たちは、そう言われ続けてきました。

学校に入っても「勉強をしなさい！」「みんなと同じことをしなさい！」。私たちは、まさしく数えきれないほど否定をされ、強制され抑圧され続けてきました。中にはイジメにあった子どもや受験戦争で挫折した人もいるでしょう。


磨けばすぐにでも光り輝く原石の上に、否定や挫折というネガティブな布や粘土を巻き付けられてきたのです。


あなたの瞳はまだキラキラと輝いていますか？

無邪気で明るい笑顔を失っていませんか？

あなたは素晴らしい人です。無限の可能性を秘めてこの世に生を受けてきました。

もう一度言います。


あなたは光り輝く原石です！

自分で自分の限界を押し下げないでください。

あなたは素晴らしい人です。

これまで巻き付けられてきたネガティブという名の布や粘土を一緒に取り払っていきましょう。


そして原石を磨き上げるのです。必ず眩（まばゆ）いばかりの輝きを放ちます！

もう一度自分を信じてください。

何も心配することはありません。

なぜなら、夢も希望も自信も全て元々、私たちが持っていたものだからです。


あなたは素晴らしい可能性を秘めた人です！

この本は「あなた」が夢を叶えるために存在しています。


あなたは素晴らしい可能性を秘めた〝**磨けば光る原石**〟です。

◆人間の悩みは3つしかない

人間の「悩み」は無限にあるように思われるかもしれませんが、大きく分けると3つしかありません。たった3つです。

それは、健康、関係性、経済、この3つだけです。

○健康は健康状態のこと。やはり健康あってこその人生です。
○関係性とは、人間関係のこと。
○経済とはお金です。金銭トラブルのニュースは後を絶ちません。

まずはっきりさせておきたいことは悩みのない人はいないということです。人は全知全能ではないので、何かしらの悩みはあります。ジグソーパズルでいうと常に1ピース足りない状態です。決して全て揃うことはありません。悩みがあることで悩まないでください。あなたも私も、常に何かの悩みがあるのが普通です。たくさんの悩みがある場合は、3つの悩みのうち、どれで一番悩んでいるのかを把握してみましょう。

◆子どものような大人は幸せ者

私は2013年の9月で54歳になりました。周囲からは「苫米地さんは子どものような笑顔ですね」とよく言われます。私の友人でもあるソフトバンクの孫正義社長は私のさらに2つ年上ですが、無邪気で子どものような笑顔をよく見せています。

否定や挫折の回数が私たちから無邪気な笑顔を奪うのであれば、年を重ねていても輝いた笑顔の人は幸せな人生を歩んできたと言ってもいいでしょう。

そのような大人が1人でも増えればいいと思いませんか?

子どものような可愛い笑顔の大人です(笑)。

このパートは、子どものようなバカな夢を忘れていない社長の話です。

「月面に宅配ピザの店を作る!」こんな夢を本気で語っている社長が世の中にいます。

それは世界で1万店舗を誇るドミノ・ピザの社長が打ち出した〝夢〟です。

社長自らが宇宙服に身を包み「地球のみなさん、こんにちは!」と出店計画を楽しそうに話している映像がYouTubeにもアップされています。

冗談みたいな話ですが、「魅力的な夢」だとは思いませんか？


たとえば東京、六本木への出店計画よりも月面に出店する方が魅力を感じますよね？

先ほどの話で、理解した上で砂漠に桜を植える〝ヒーロー〟を目指す行為も同じです。

そういった大きな夢を語る社長がいるだけで企業としての魅力も上がります。今の世の中、夢を本気で語るとバカにされたり鼻で笑われたりすることがあります。

そんなバカな話と鼻で笑うのは簡単です。夢を否定することは誰にでもできます。


この話でお伝えしたかったことは、誰にでも〝叶えたい夢〟があるということです。

100人いれば100通りの〝夢〟があります。その夢がどれだけ馬鹿げた夢でも構いません。この本は、夢を叶える攻略本です。人から笑われるような夢や馬鹿げた夢、どんな夢でも構いません。夢を叶えるために必要なことは全て詰め込みました。

誰にでも「なりたい自分」がいます。あなたが〝理想〟とする〝あなた〟です。

年配の方でも自分にはもう遅いなどと悲観的にならないでください。時間や年齢は関係ありません。叶えたい夢はいろいろあると思います。たとえば世界の七不思議を回るツアーや世界一周旅行も1カ月もあれば達成できる〝夢〟です。

世界一周旅行は誰でも一度は体験してみたい夢だと思います。

しかし、ほとんどの人がその夢を叶えることができません。多くの人が世界一周旅行を実際に体験してみたいと思っているのに、まさしく夢を見るだけで終わってしまいます。

それは、どんな夢でも同じことが言えます。

夢を叶えられない一番の原因は、誰も夢の叶え方を教えてくれないからです。学校では因数分解や微分積分など難しい方程式は教えてくれますが、夢を叶える方法は教えてくれません。知らないために、夢を「見る」だけになってしまいます。実にもったいない話です。素晴らしい夢をぜひ叶えていきましょう。

もう一度、子どもの頃を思い出し、夢を叶える行動につなげていきましょう。

◆無知の知

哲学者ソクラテスが残した「無知の知」という言葉があります。

その意味は「自分自身が無知であることを知っている人間は、自分自身が無知である
ことを知らない人間より賢い」「真の知への探求は、まず自分が無知であることを知るこ
とからはじまる」という考え方のことです。

たとえば、生まれてすぐの赤ん坊が理解していることは何でしょうか？

当然、理解していることよりも理解していないことの方が比較にならないくらいに多い
はずです。

なぜ、お腹が減るのかも理解していませんし、なぜ、自分が泣いているのかも分かって
いないでしょう。

あくまでも仮定の話ですが、真冬の寒空に素っ裸で投げ出されても、寒さ自体について
も分かりません。当然、寒さから身を守る方法さえ分からないのです。

一晩そのままにされてしまえば凍えて死んでしまうでしょう。検死解剖されれば死因は
凍死とされますが、本当の死因は寒さから身を守ることさえ知らなかった無知ではないで

しょうか？

赤ん坊に対し無知という言葉はもちろん適切ではありませんが、何かしらの結果があれば、そうなった原因が必ずあります。無知ということは気付くことすらできないということです。気付くことができなければ改善することもできません。

冬空の下でなぜ、ブルブル震えているのかも分からないのと同じです。


少し難しい表現でしたが、分からないことは当然、理解ができません。

さらに恐ろしいことは気付くことさえできないということです。

あなたの知らないことは何でしょうか？

まず何を知らないのかを知ることができれば、夢を叶えるのに非常に有利になります。


それらを踏まえた上で、ここから最初の漫画です。ストーリーはシンプルですが、実に奥が深い内容となっています。漫画の後に〝秘密〟を解説した文章があります。

ぜひ併せて読んでください。


そして、この後、いよいよ夢を叶える最初のステップに入っていきます。

日本の首都東京
今も成長を続ける街
この街に開業四十年を迎えるラーメン屋があった
ラーメン
助かったよサキ
昼も終わったから飯でも食べろ
ありがとう食べたら大学行くね

お父さん
この絵飾って
いいかな？
家は
ラーメン屋で
ギャラリーじゃ
ねぇんだぞ？
でもお客さん
だって見て喜んで
くれるじゃん
それに私
美大生よ？
やっぱり喜んだ
顔をみると
うれしくなるよ
チャーハン
つけめん
まぁその気持ちは
分かるけどな

父さんだって
この店をはじめた頃は
そうだったよ
常連さんと
バカ話したり
うまいって言って
もらったりな
うれしそうに
帰っていく姿を見るのは
そりゃうれしかったよ
今じゃいろいろな
ラーメン屋が
できてなぁ
こんな昔ながらの
ラーメン屋じゃ
相手にもされない
もう一度
あの頃のように
できればなぁ
これも時代
なんだろうなぁ
さっ
温かいうちに
食え
お父さん
うっ

青葉第3病院
悪性の腫瘍の可能性もあるので精密検査が必要です
一カ月は安静にしてもらいたいので入院が必要です
そうですか…ありがとうございます
うーんサキか？
情けないなぁ じいさんの代から一日も休んでこなかったのになぁ
俺も年かなぁ…

大丈夫だよ お父さん
私がお店をやるから任せて!!
でも大丈夫かお前…
平気よ！ ラーメンの作り方くらい分かっているよ
無理はするなよ お店のことは本当にイイからな
少しは信じてよ？
スープの作り方だって分かっているんだから

サイゾー公会堂
先生
本日は本当にお疲れさまでした
ありがとう
ご飯でも一緒にどう？
それでしたら近くにいいイタリア料理のお店がありますよ
それじゃあ道案内をよろしく
わかりました
よろしく

キキ
お店はすぐそこですよ
あぁどうもこの前
ちょっと待ってね
うんありがとうそうだね
お疲れさまじゃあまた
ねぇラーメンはどう?
ラーメン?ありましたか?
さぁいこう

何なんだよ
このラーメンは！
すっ
すいません
ったく
ひでぇ飯だぜ
何があったの？
あっ いや…
今日はもう店
閉めようと…
スープが
きれたとか？
そういう
んじゃないいん
ですけど…
よかったら
話を聞かせてよ
この人は
苫米地さんといって
認知科学の先生
なんだ
はぁ…実は…

餃子
ライス
えだまめ
チャーシュー
なるほど
じゃあ一度ラーメンを作ってみてよ
は はい…
どうぞ
どっ どうですか?

悪くない味だよ
しかし君はこのラーメンを作ることが目標なのかい？
何かをやるにはまずゴールが必要だ
たとえば東京駅に行くと決めるよね？
その後にどのルートで行くか調べるだろ？
だからまずは君の行き先ゴールを確認したかったのさ
私は…

お父さんが喜んでラーメンを作っている顔が見たいんです！
繁盛していた時のように喜んだ父の顔が見たいんです
それならコンフォートゾーンを変えよう！
僕達が入ってきた時もあやうく店閉まいされそうだったしね
餃子
からあげ
チャーシュー
お手伝いさんのままだとよくない
コンフォートゾーンって何なんですか？
コンフォートゾーンとはあなたにとって「居心地のいい空間」のことだ
人は無意識にその空間の中から出ないように行動している
comfort zone
その空間から出ると人は不安になり
このゾーンへ引き戻そうと働くんだ

Comfort Zone
例えばダイエットをした人がすぐに元の体に戻ってしまうのもコンフォートゾーンが関係している
太った人が痩せても過去の自分との違いに違和感を覚えてしまう
だからコンフォートゾーンを書き換えることが大切なんだ
そのためにもゴール設定をしっかりとしないといけない
そうすればスコトーマが外れ 新しいものが見えてくるよ
スコトーマ？
心理的な盲点のことだ
ラーメン作りを熟知し確立するほどに盲点は強くなり自由な発想が難しくなってしまう
ラーメンはこうだ！という固定概念に縛られてしまう

つまりラーメンが今の形状である必要性はどこにあるかな
チャーシュー・メンマ・ナルトがなぜ入っていなければいけない?
ラーメンのスープにうどんが入っていても麺類だし
ごはんが入れば雑炊だ そういう発想が大切なんだ
たとえばニューヨークのすしバーにはアボカドロールなど
普通の寿司職人の発想だと出てこないモノがあるだろ?
それもスシはこうだ!という固定概念—つまりスコトーマにとらわれていないからできることの一つだ
それとは逆にラーメンも寿司も存在していない原始時代—
寿司やラーメンも彼らには未知の物だ それが食べ物かすら認識できない

知識はなければ認識すらできないが
知識が強すぎれば固定概念も強まりスコトーマも強くなる
今までの君はお父さんの作るラーメンを再現すること
それだけを考えていたんじゃないかい？
でも私どうしたら…ラーメンの世界なんてわからないし
それは違うよ知らないからこそ自由な発想ができるんだよ
ちゃんと先のゴールを持っているんだからね

ごちそうさま
じゃあね
ありがとう
ございました!
でも…
私にできること—
私の
したいこと…
私は絵を描いて
人を喜ばせたい
お父さんがラーメン
で昔に皆を喜ばせて
いたみたいに…
私どうしてそんなに
人を喜ばせたい
なんて考えるように
なったんだっけ…

そうか！
私はどうして人をよろこばせたかったんだろう
絵はその一つの手段でしかない…本当は喜ばせるためだったんだ
私ずっとお父さんが人を喜ばせる姿を見てきた…だから
だから私…何も考えずにこの店を何とかしようなんて考えたんだ…
私は絵を描きたかったんじゃない
人を喜ばせたかったんだ
そしてあの頃のように父もお客さんも喜んでいた姿を取り戻したかったんだ
お父さんのようになってみんながよろこんでくれたあの頃の楽しかった店をつくることだったんだ
でも今のこのお店を何とかするには新しいことが必要…
私に何ができるの？
私にできてここで人が喜んでくれること
ラーメンであってラーメンではないもの…

きっと何か
ある…
一人で私何
考えてんだろう

バタン
これだ！
トントントン
コトコト
できた
これだ

ラーメン
いらっしゃいませ
ラーメン
ラー…
何？
あっ　いえ…
何でも
お待たせしました

ドーン
何だこれ！
おっ お客さんの顔をラーメンで作ってみました…
こんなの初めて見たよ…
あっ 味は普通ですけどね… 食べてみて下さい

ここ最近
忙しかった
からなぁ…
あ
そうか…
この手があったか…
facebook
始めました！
ご自由にお取り下さい
これでOK
よーし
頑張ろう
私の形で！

一カ月後
Facebookなどで「美大生が作る期間限定のラーメン」という宣伝をしたところそれが大好評となった
ラーメン
おっ この店だ！
サキ！ こりゃ一体何があったんだ
あ お帰り お父さん
こりゃどういうことだ？
何作ってんだ？
インターネットを利用してキャンペーンをしているんだよ
私にできることが何か考えてわかったの

食べてみて
俺の顔！
しっ　しかも味は
ちゃんとラーメン
になってる…
私
本当にしたかったこと
わかったの
お父さんみたいに
人を喜ばせること
だったんだ
そしてこれが答えよ
私の新しい
ラーメンがね

夢の攻略本

この本を読むにあたって

この「夢の攻略本」には人生の分岐点がたびたび登場します。1本は「しあわせな人生」へ続く道、もう1本は「不幸な人生」へ続く道です。「あなた」は、どちらに進むかを選択しなければいけません。

本書では、幸せな人生へ続く道のことを**【ハッピーロード】**、不幸な人生へ続く道を**【シクシクロード】**と名付けました。

【ハッピーロード】は、叶えたい夢を叶え、なりたい自分になれる道です。大金も手に入れ経済的にも自由になれます。人からも尊敬され、幸せな家族や仲間にも囲まれることでしょう。幸せな人生を思いっきり満喫してください。

【シクシクロード】は、常に不満や不安を抱え、何かに怯えて暮らさなければいけない道です。経済的にも非常に苦しい状態が続きます。大きなストレスを抱え、他人からも尊敬されません。毎日ため息ばかり、後悔ばかりの人生です。

第一章
スタートライン

◆スタートラインに立つ！

漫画の中では、父親のラーメンを再現することがゴールになっていた主人公。
しかし、本当は父親を喜ばせることが目的だったことに気付きます。
この本当にやりたいことを見つけることが実は「難しい」のです。
そもそも叶えたい夢が明確になっている人は非常に少数派です。
私たちが夢を叶える最初の難関だといっていいでしょう。
あなたは叶えたい夢が明確になっているでしょうか？

「自分探しをしている」というフレーズはよく耳にしますが、これは「本当にやりたいことを見つける」「叶えたい夢を見つける」という意味です。

あなたのやりたいこと、叶えたい夢は何でしょうか？
「よく分からない」「今探している」という方は、今から一緒に見つけましょう。
必ず見つけることができます！
不安に思ったり焦ったりしなくても大丈夫です。ゆっくり考えてみましょう。

まず、叶えたい夢を見つけるために、あなたの原点に一度戻ってみましょう。
子どもの頃のあなたに戻るのです。思い出してみてください。
子どもの頃に思い描いていた〝夢〟は何だったろう?
人から言われて嬉しかったことは何だろう?
成し遂げて嬉しかったことは何だろう?
やってみたいことは何だろう?
チャレンジしたいことは何だろう?
自分が得意とすることは何だろう?

きっと何かあるはずです。やりたかったこと、嬉しかったこと、得意なこと、何でも構いません。あなたが思うあなたの原点をもう一度見つめ直してみましょう。よく思い出してみてください。あなたがやってみたいと思ったことや、興味を持ったこと、嬉しいと感じたこと、ワクワクしたイメージなどを思い出してください。
思い出しているうちに、やりたかったこと、夢の形がだんだん見えてきます。

それがあなたの「夢の原型」です。

子どもの頃から、一度も夢を思い描かなかった人はいません。思い出した内容を紙に書き出してみましょう。どんなことでも構いません。夢の原型に肉付けをして、より具体的にするのです。焦らずにじっくりと思い出してください。

子どもの頃の夢ですから、どう考えても叶えることが困難な夢もあるかもしれません。しかし、どんな夢でもいいので、とにかく書き出してください。

たとえば「プロ野球選手になる」という夢であれば、大人になって急に目指しても叶えることは難しいでしょう。しかし大切なことは「どうしてプロ野球選手になりたかったのか？」ということです。

単純に野球が好きだったのか？
人気者やヒーローになりたかったのか？
大金を手にしたかったのか？
両親の影響が強すぎたのかもしれません。

何かしらの理由があるはずです。そういった理由までを書き出せば「夢の原型」が見えてきます。たくさん書き出せば書き出すほど、より具体的な夢が見えてきます。徹底的に書き出してみましょう。きっと夢の形が浮かび上がってくるはずです。

しかし、いくら考えてみても、どうしても思い出すことができないという方は、自分の夢を自分で封印している可能性があります。そういった方には、こんな裏技があります。

それは「やりたくないこと」「絶対になりたくない自分」といったマイナスのイメージを徹底的に思い描くことです。あなたが絶対になりたくない自分をイメージするのです。

こんなことを言うと、「夢を見つけるのに、悪いイメージをするのですか？」と疑問に思われるかもしれません。しかし、悪いイメージ、絶対になりたくない自分のイメージがはっきりと分かれば、そのイメージの正反対が、本当になりたい自分の姿だと分かってきます。

写真に写った影の部分だけを見て、影の主を判断するのと同じ原理です。

マイナスイメージの正反対がプラスのイメージだと考えてみましょう。

たとえば、「社会的信用がなく人から尊敬されない自分にはなりたくない」というのであれば、その正反対の「社会的信用があり、人から尊敬される人間になりたい」という夢の形が浮かび上がってきます。さらにそこから肉付けをしていけばいいのです。

社会的信用がある人ということは、社会貢献をする人、地位や名誉もある人という感じで、どんどん形を作り上げていくことができます。

非常に大切なことは頭の中だけで考えるのではなく、絶対に忘れないように必ずノートに書き出すことです。

イメージが浮かばない人ほど、いろいろな考えや情報が頭の中でゴチャゴチャになっていることが多いものです。それをノートに書き出すことで頭の中を整理することができます。

イメージが鮮明になった後は肉付け作業です。肉付け作業とは、小学生の足し算と同じです。いろいろなものを足して夢の形を作り上げましょう。掛け算や割り算は必要ありません。シンプルに考えてください。

あなたには素晴らしい可能性があります。無限の可能性を秘めた人です。

もう一度、「素晴らしい夢」を思い描いてください。

◎あなたの夢の原型は？

100人いれば100通りの幸せの形、夢の形があります。
詩人である　あいだみつをさんが非常に心に響く詩を残しています。

『しあわせは　いつも　じぶんの　こころがきめる』

まさにその通りだと思います。あなたの幸せはあなたにしか分かりません。
あなたの〝しあわせ〟はどんな形でしょうか？
あなたの〝夢の原型〟を教えてください。

この本はただ読むだけではなく、あなたに参加してもらいながら進めていきます。
参加型、体験型の本です。読むだけではなく必ず参加してください。
第一回のこのパートでは、〝あなたの夢の原型〟を探してみましょう。
まずは、あなたが進みたい方向をイメージしてみましょう。
あなたが思う、あなた自身の「夢の原型」です。

単純に「お金持ちになりたい！」とか「綺麗な海の近くに住みたい」「高級車が欲しい」「素敵な人と結婚したい」「プロ野球選手になりたい」どんなイメージでもOKです。

大切にしたいこと、あなたの原点となる部分に立ち返って、しっかりとイメージしてみてください。あなたには、あなたにしかできないことが必ずあります。

その浮かんだイメージがあなたの夢の原型です。その夢の原型を61ページに書いてみましょう。

また、「本当にやってみたい仕事が分からない！」という方は、先ほどと同じようにノートと鉛筆を用意してください。手順としては次の通りです。

まず、ノートの左側に思いつく限りの職業を書いてください。「職業一覧表」などインターネットで検索すればいくらでも出てきます。

そして、書き出した右側に「好き」か「嫌い」を書いてください。

好きなモノには「○」、嫌いなモノには「×」、といった感じです。

この好きか嫌いはあなたの主観で構いません。他人の意見ではなく、あなただけの価値観で決めましょう。どうしても判断できない職業は「△」にしてください。

もちろん、知らない職業や、よく分からない職業も出てくるでしょう。

その場合は、インターネットなどを利用して調べてください。

知らない職業を調べてみることで、あなたの視野が広がりますし、意外な発見、好きな職業が見つかる期待が高まります。


そして、「○」をつけた職業だけ、もう一度採点してください。

今度は、好きな度合いを3段階に分けて書いてみるのです。

好き「◎」、まあまあ好き「○」、大好き「☆」、このような形で採点し、「☆」印を明確にしてください。「☆」印がたくさんある時は、その共通点などを考えてみてください。

シンプルな方法ほど効果があるものです。きっと新しい発見があるでしょう!


馬鹿げた夢、到底叶いそうにない夢で構いません。

後で書き直しても大丈夫です。次のページにあなたの夢の原型を書いてください。

思いついた夢をとにかく書き出してみましょう!

あなたの夢の原型を書き出そう！

馬鹿げた夢、叶いそうにない夢でもOK!
思いついた夢の形を書き出してください。

第二章
最初の分岐点

◆夢を叶える最初のステップ！

あなたが夢を叶えるまでには「3つのステップ」があります。
そして、このパートは夢を叶える最初のステップになります。
非常に重要なステップであり、人生のターニングポイントです。真剣に聞いてください。

漫画の中で注目する内容、言葉は3つありました。

①ゴール設定
②コンフォートゾーン
③スコトーマ

どれも聞き慣れない言葉だと思いますが、全てに〝**人生を激変させる秘密**〟が隠されています。まずは【①ゴール設定】について話していきます。

そして、このゴール設定こそが夢を叶える最初のステップになります。

ゴール設定の重要性について、誰もが知る漫画の主人公から学んでいきましょう。

「海賊王に俺はなる！」これはワンピースの主人公ルフィの夢です。

このような夢のことを私は**「ゴール設定」**と呼んでいます。

まずルフィの場合、とりあえず海賊になり、何となく仲間を集め、ふと海賊王になりたいと思ったのでしょうか？

答えはもちろん違います！　連載当初からルフィの夢は海賊王になることです。

そして注目するポイントは「なりたいな〜」とか「なれればいいな〜」ではなく「海賊王になる！」と言い切っています。非常に大切なことなのでよく聞いてください。

「なりたい」と「なる」は一見似ているようですが、実は全く違います。

「なりたい」は言い方を変えると希望です。「なれればいいな〜」「なれるかもしれない」はまさしく願望です。この世の中に願うだけで叶うことなんてありません。

待っているだけ、他人を頼るだけでは、夢は叶いません。

「なりたい」とは異なり「なる」とは決断です。決断とは「絶対に！叶える」という誓いです。大きな夢には人を引きつける魅力があります。夢を叶え、豊かな人生を送りたい人は、まず最初に「ゴールを設定」してください。

◆ゴールを設定する

あなたの「夢」を叶えるためには、「叶えたい夢」を明確にしなければいけません。

これはルフィの場合も、あなたの場合も全く同じです。

もし、ルフィに夢がなければどうなるでしょうか？　一度想像してみましょう！

「海賊王になる！」という夢がなければ、ルフィはまず海に近づかないでしょう。

ゴム人間であるルフィはカナヅチのため、海に落ちると溺れて死んでしまうからです。

海に近づくどころか、身体を鍛え強くなることもありません。なぜなら、「海賊王になる！」という夢そのものがないため、強くなる必要がないからです。

能力や才能がどれだけあったとしても、夢という目標がなければ人は行動をしません。

鍛えれば強くなれるのに、夢がないばかりに、鍛えることをしないのです。

海に出れば、素敵な仲間たちに出会い、素晴らしい大冒険が待っているのに、夢がないばかりに、いつまでも生まれ育った村から離れません。

つまり、夢がなければワンピースの大冒険はいつまで経ってもはじまらないのです。


これは、漫画の中の話ですが、実は私たちにとっても全く同じことが言えます。

人は夢や目的がなければ、努力をしません。行動もしません。

ただ、同じ毎日を繰り返すだけです。

つまり、夢がなければ、いつまで経っても人生は変わらないのです。

まずはゴールを設定しましょう！


とんでもない夢で構いません。人から笑われるような夢でもいいのです。

ゴールを決めないと出発することができません。

まずゴールを設定することが、夢を叶える最初のステップです。

そしてゴール（目的地）が決まれば、次はゴールに向かうための手段や方法を考えます。

難しいことは一切、考えなくて構いません。常にシンプルにいきます。

たとえば旅行先がニューヨークであれば、ニューヨークがゴールです。

あとはニューヨークまでの行き方を決める。これが手段や方法です。

飛行機で行くのか？　船で行くのか？　どのルートで行くのか？　それはあなた次第です。ゴールは1つですが、方法や手段は無限にあります。


ルフィのゴール設定は「海賊王になる！」ことです。

海賊王になるためにルフィがとった手段や方法は何でしょうか？

それは、まず体を鍛え強くなることでした。

そして小さな村からたった1人で大海原に出ます。「海賊王になる！」と、まずゴールを設定したから、たった1人で大海原に出たのです。何の目的もないまま海へ出る人はいません。

海賊王になることがゴール、体を鍛え強くなることが手段や方法です。

決意を持って海に出たその結果として、素晴らしい仲間と出会い、生まれ育った村では絶対に体験できないワクワクするイベントが次々と舞い込んできました。


まずはゴールを決め行動したことで、ワンピースの大冒険が生まれたのです。

ここで確認のため、同じワンピースを題材にシクシクロードを進んでみましょう！

主人公はもちろんルフィです。鍛えれば強くなりますし、ゴム人間などの設定は全て同じです。しかし、このルフィには夢がありません。

夢を叶える最初のステップ「ゴール設定」をしていません。

素晴らしい能力や才能を秘めていますが、目的や目標がないため、何も行動をしません。いつまでも生まれ育った村にいます。身体を鍛えることもしませんし、泳げないので海に近づこうともしません。せっかく素晴らしい才能を持っていても夢がないばかりに、その才能は開花しません。海に近づかないので、素晴らしい仲間と出会うこともありません。つまり、ワンピースの大冒険はいつまで経ってもスタートしないのです。

「そんなバカな！」と言われる方がいるかもしれません。しかし、どんなに優秀な人でも、夢がなければ何も行動はしません。世界で一番速い男と言われるボルト選手でも、走る目的がなければ普通に歩いています。さらに、移動する目的もなければ、歩くことさえしません。「誰よりも速く走りたい！」と思わなければ、走ることさえしないのです。

あなたも夢や目的がないばかりに、立ち止まってばかりいませんか？

◆ゴールは1つ、手段や方法は無限にある

夢を持つ、ゴールを設定すると言われると難しく受け取られる方がいるかもしれません。
そのような場合は、このように考えてください。

ゴールを設定するとは、好きなモノ、好きなことを見つけること。
あなたが心から情熱を注ぎ込むことができる〝夢〟を見つけるという意味です。
自分の中に熱いナニカを感じることです。
人間味溢れる感動的な人生を送るということです。
人には大切な感情があります。
感情を大きく揺さぶる人生を送りましょう。
素晴らしい人生には、必ず素晴らしい〝夢〟があります。
素晴らしい人生を送るために、まずはあなたの〝夢〟を高く掲げましょう！

素晴らしい夢を掲げた小学生の作文があります。
それは、大リーガーのイチロー選手とサッカー日本代表の本田選手の作文です。

■イチロー選手が小学6年生の時に書いた作文（※抜粋）

僕の夢は、一流のプロ野球選手になることです。

そのためには、中学、高校と全国大会に出て、活躍しなければなりません。

活躍できるようになるためには、練習が必要です。

僕は3才の時から練習を始めています。3才から7才までは半年くらいやっていましたが、3年生の時から今までは、365日中、360日は激しい練習をやっています。

だから、1週間中で友達と遊べる時間は、5〜6時間です。そんなに練習をやっているのだから、必ずプロ野球の選手になれると思います。

だから、この調子でこれからも頑張ります。そして、僕が一流の選手になって試合に出られるようになったら、お世話になった人に招待券を配って、応援してもらうのも夢の1つです。とにかく、一番大きな夢は、プロ野球の選手になることです。

『新編イチロー物語』（中公文庫）より

■サッカー日本代表の本田選手が小学6年生の時に書いた作文（※抜粋）

ぼくは大人になったら　世界一のサッカー選手になりたいと言うよりなる。
世界一になるには　世界一練習しないとダメだ。だから　今ぼくはガンバっている。
今はヘタだけれどガンバって　必ず世界一になる。
Wカップで有名になって　ぼくは外国から呼ばれて　ヨーロッパのセリエAに入団します。そして　レギュラーになって　10番で活躍します。

一方　世界中のみんなが注目し　世界中で一番さわぐ4年に一度のWカップに出場します。セリエAで活躍しているぼくは　日本に帰り　ミーティングをし　10番をもらってチームの看板です。ブラジルと決勝戦をし　2対1でブラジルを破りたいです。この得点も兄と力を合わせ　世界の競ごうをうまくかわし　いいパスをだし合って得点を入れることがぼくの夢です。

いかがでしょうか？　思わず涙ぐむくらい素晴らしい作文です。
今でこそ、さすがイチロー選手や本田選手は違うと思われるかもしれませんが、当時のイチロー選手や本田選手とあなたが同じクラスだったらどう思ったでしょうか？　まだ普通のスポーツ好きの少年です。将来偉大な選手になることは、誰も分かりません。「スポーツばっかりやってないで、一緒に遊ぼうよ！」と、きっと何度も言われたことでしょう。挫けそうになったことも何度もあったはずです。

現在のような活躍ができたのは、強い決断をし、ゴールを設定したからです。

ゴールが決まっていなければ、行き方を調べることもできません。

大きなゴールではなく小さなゴールでも、私たちがとる行動は基本的に同じです。

たとえば東京駅に用事がある場合、東京駅がゴールです。その後で行き方を調べます。東京駅がゴール、行き方は手段や方法です。ＪＲで向かうのか？　地下鉄なのか？　タクシーなのか？　自転車なのか？　歩いて行くのか？　走ってなのか？　飛行機なのか？　手段や方法はたくさんありますが、ゴールはたった1つです。

プロ野球選手やプロサッカー選手に設定する場合も、手段や方法は違うだけで、私たちが考える内容に大差はありません。ゴールを設定し、手段や方法を考え行動する。これだけです。実にシンプルです。難しく考える必要はありません。

◆ゴール設定が持つ2つの顔

立て続けに大きな秘密を暴露します。

実はゴールを設定をする理由には、「表向きの理由」と「裏の理由」が存在しています。

まず表向きの理由を発表すると、目標地を明確にすることです。目標地が明確になれば余計なことで迷うことがなくなります。手段や方法も明確になります。

車のカーナビシステムを思い描いてみましょう。

まず目的地を入力し、その後でルートを検索します。目的地がないのにルートを検索することはできません。この目的地こそがゴールだということです。

そして、目的地ができるだけ明確な方がいい理由としては、カーナビに「九州」とだけ入力するよりも、大分県湯布院町と入力した方が、より明確なルートが分かるからです。

ただし、この後に話す「真のゴール」については明確なルートは分かりません。

それでは、裏の理由を発表します。

この裏の理由は非常に重要なことなので、よく聞いてください。

それは**「あなたの中に眠っている、とてつもない才能を目覚めさせるため」**です。

いいですか？　大切なことなのでもう一度言います。

あなたの中にはとてつもない才能が眠っています。

そして、あなたは、その素晴らしい才能にまだ気付いていないだけです。

もしかすると、あなたは自分自身のことを「特に、ズバ抜けた能力もない普通の人間」だと思っていませんか？

もしそうだとしたら、それは大きな間違いです！

あなたはとてつもない才能を秘めた素晴らしい人です。

分かりやすく簡単に説明すると、私たちにはスイッチが付いています。

「ＯＮ」と「ＯＦＦ」の単純なスイッチです。

「ＯＮ」になれば、あなたの能力や才能が目覚め、「ＯＦＦ」の状態であれば、その能力や才能は眠ったままです。

重要なことは、ほとんどの人は、このスイッチが「ＯＦＦ」の状態になっているだけです。

「ＯＦＦ」の状態とは、あなた自身の能力を自分自身でセーブしている状態です。

しかし、「火事場の馬鹿力」という言葉があるように、一旦スイッチが「ＯＮ」の状態になると、私たちはとてつもない力が発揮できるようになります。

先ほどのルフィの話を思い出してください。

元々、とてつもない才能があるルフィでも、ゴールを設定しなければ、その素晴らしい能力や才能は眠ったままです。目的や目標がなければ、人は本気で行動をしません。

何の目的もないのに、走る人はいません。

私たちはただ歩く場合でも、何か目的を見いだして歩いています。

つまり、明確なゴールを設定すると、このスイッチが「ＯＦＦ」の状態から「ＯＮ」の状態に切り替わります。

そして、「ＯＮ」の状態になると、**あなたの中で眠っていた能力や才能が目覚めるだけではなく、その能力を劇的に高める力があるのです。**

◆電車に乗ることが目的になっていないか？

ゴール設定の大切さを話しました。ゴール設定をした人生とはハッピーロードです。ここではシクシクロードを歩んでいる人が陥りやすいことを話していきます。つまり、人生の分岐点で間違った方向に進むとこうなるという例です。具体的に話しますので、反面教師だと思ってお読みください。

シクシクロードを歩いている人とは、ゴールを設定していない人です。そして、ゴールではなく「手段や方法」ばかりを先に考えます。これはシクシクロードを歩いている人の習性と言えます。ゴールを設定していないのに、「こうすれば楽にお金が稼げそう」「こっちの話は面白そう」「とにかく楽をしたい」、こんな感じで方法や手段ばかりをいろいろ考えます。行き先も決まっていないのに「どの電車に乗ろうか？」と考えているのと同じです。

そして、目的地も決まっていないのに、とりあえず電車に飛び乗ります。近くを走っている魅力的だと思う列車にどんどん飛び乗ってしまいます。

しかし、いつまで経っても目的地には着きません。当たり前です。そもそも目的地がないのですから、着くはずがありません。「簡単にお金が稼げるセミナーがある」と言われれば飛び乗りますし、「楽そうな仕事があるからやってみよう！」という感じで、とにかく一貫した行動ができません。そんな気持ちで取り組んでも成功するはずがありません。
そして失敗が続くとさらに怖い状態に陥ります。何をやっても上手くいかないのでだんだんと自信がなくなります。こうなってくると非常に危険です！

人は失敗が続くと自信をなくしていきます。自分はダメな人間だと自分の限界を自分で押し下げてしまいます。自分で自分の限界を押し下げ、また失敗をしてさらに自信がなくなる、そして、また失敗と、この繰り返しになります。非常に悪いスパイラルです。まさに不幸へ続く道です…。

人生が好転しない、いつも大きなストレスを抱えている、収入が増えない、自分に自信がない、いい結果が出せない、何をしていいのか分からない、頑張れば頑張るほど悪くなる、そういった方は、この負のスパイラルに巻き込まれているおそれがあります。

まずはゴールを設定してください。それだけで大きく人生が変わります。
あなたが持っている、とてつもない能力を目覚めさせるのです。

イチロー選手の場合、小学6年生からハッピーロードを歩いています。ハッピーロードを歩く人は余計なことで悩みません。なぜなら、すでに目的地が決まっているからです。常にゴールに向かって一直線のマインドです。

他人からどんなに魅力的な話を持ちかけられたとしても、自分のゴールに関係のない話のため、すっぱりと断り家で黙々と素振りをします。この素振りこそが普段の積み重ねです。すでに目的地が決まっているのですから、わざわざ遠回りをする人はいません。

北海道に用事があるのにわざわざ沖縄に向かう人はいないのと同じです。

ハッピーロードを歩く人は余計なことで悩んだり他人から惑わされたりしません。「悩む」というのは言い換えれば、足踏みをしている状態です。それに対して「考える」というのは前向きに進むべき方向を見定めている状態です。

ハッピーロードを歩く人は王道を歩いていきます。常に前を向いてパワフルに進みます。まだ半信半疑という方も、まずはゴールを設定してください。

ゴール設定をすれば、とてつもない力があなたに宿ります。あなた自身を高める力です。

勇気を持って1歩前に踏み出しましょう！

◆本当にやりたいことは勝手にする！

今日から本当はやりたくない状態のことを分かりやすく英語でこう呼びましょう！

〝have to（ハフ・トゥー）〟

○意味

～しなければならない状態。できればやりたくない。本当はやりたくないというマインドを指します。

「～しなければならない」は、日常生活でよくあるマインドです。

この〝have to〟のマインドは非常に危険です。

なぜなら、よい結果を出すことができないからです。

たとえば〝have to〟マインドで仕事をしている人は、朝起きた時点から憂鬱（ゆううつ）です。

「また仕事に行かなければならない」と朝はため息からはじまります。勤務時間中でも時計ばかりが気になります。「まだこんな時間か～」「あと○時間もある」と常にマイナス思考です。何かのプロジェクトを進めるのにも本当はやりたくないことなのでなかなか手をつけません。先送りばかりして進めようと思いません。その結果、会社にもお客様にも迷惑をかけます。何より自分自身の貴重な人生の時間を無駄にしてしまいます。

〝have to（ハフ・トゥー）〟とは対照的に〝want to（ウォン・トゥー）〟のマインドをご紹介しましょう。

〝want to（ウォン・トゥー）〟

◯意味

やりたいことをする。自ら進んでする。望んでする。

自分が本当にやりたいことをやっている状態なので、積極的に行動をします。先ほど話した、ルフィやイチロー選手たちと同じマインドです。ルフィは「海賊王になりたい」と心から思っていますし、イチロー選手は「一流のプロ野球選手として成功したい！」と心から思っています。

この状態を〝want to（ウォン・トゥー）〟と呼びます。自ら進んでするマインド。

この〝want to（ウォン・トゥー）〟の状態であれば仕事も常に前向きで、よい結果を出し続けます。

〝have to〟と〝want to〟の違いで分かるように、私たちがゴールを設定する場合、〝have to〟ではなく〝want to〟のゴールでなければ達成することはできません。なぜなら本当はやりたくないと思っている行動を長く続けることは至難の業だからです。ストレスばかりが大きくなりすぐに諦めてしまいます。

極端なことを言ってしまえば〝have to〟だと思うことは一切やらなくていいです。それくらいの心の持ち方が大切です。

ゴールを設定する場合、本当にやりたい〝want to〟のゴールを必ず設定してください。これも大きな秘密であり、人生の分岐点となります。まずはゴールを設定する、そしてそれはあなたが心から望む〝want to〟のゴールにしましょう。

人間やりたくないことはやりたくありません。それは当たり前の話です。それとは逆にやりたいことは勝手に行動します。

お腹が空いたらご飯を食べるのと同じです。喉が渇いたから水を飲むのと同じです。美味しそうにご飯を食べているだけでは「すごくモチベーションがあるね！」とか「努力家だね！」とは思いませんよね？

自分自身でも努力しているとは思いません。お腹が空いたから食べているだけです。それは、やりたいことをやっているだけだからです。

ここから大切なことを話します。

やりたいことをするという意味では、私たちのゴール設定も同じです。あなたが夢を叶えたいから向かうだけです。そこに努力やストレスは存在しません。

努力という概念そのものが違います。本当はやりたくないことを頑張る努力ではなく、本当に叶えたいことをする努力です。

イチロー選手も小学生の頃から1年365日のうち360日は激しい練習をやってきました。私たちから見れば「ものすごいモチベーションだ！」とか「努力家」だと思います。しかし、イチロー選手は「プロ野球選手として成功するんだ」と思っていたので、毎日の激しい練習は当たり前のことなのです。やりたいからやっているだけです。

これは、お腹が空いたからご飯を食べる行為と実は同じです。

そもそも、やりたくないことを何十年も毎日続けることはできません。ゴールを設定して毎日が苦痛というのであればゴールそのものが間違っていると考えてください。

本当のゴールはあなたが好きなこと、本当にやりたいことでなければ意味がありません。

しかし、実質的に「それは難しい！」と感じる方はステップを分けて考えてみてください。たとえば叶えたい夢がカフェを出店することだとしましょう。お店を出すにはお金が必要です。そのお金を貯めるために他の人が嫌がる仕事でも喜んでする。他人からすれば嫌な仕事かもしれませんが、夢を叶えるために必要なステップだと考えればできるはずです。

大切なことは、あなたの気持ちです。

「嫌だ！」「やりたくない！」「逃げ出したい！」と思えることがいくらたくさんあったとしても、それでも叶えたいと思える夢があれば気にもなりません。

本当の〝want to〟のゴールです。あなたが心から望むゴールであれば、どれだけ嫌なことがあったとしても頑張れるはずです。

先ほど話した、イチロー選手や本田選手の場合も、小学生の頃から猛練習をしてきました。周りの友達が遊んでいる時にも、額に汗をし、歯を食いしばってきたのです。

どうして、そんなにも頑張ることができたのか?

それは友達と遊びたい気持ちよりも夢に近づく喜びが上回っていたからです。嫌なこと、逃げ出したいと感じることがどれだけたくさんあったとしても、それ以上に夢を叶えたいと強く望んだのです。〝want to(ウォン・トゥー)〟のゴールとは、あなたが心から望むものでなければ意味がありません。

あなたが心から叶えたいと思う夢を見つけてください。
そして、その夢をゴールに設定し、今から一緒に叶えていきましょう。

この本は、あなたの〝夢〟を実現させるためにあるのですから…。

◎あなたの本当の夢を探し出そう

夢を叶える最初のステップ「ゴール設定」について話してきました。

前回の参加ページでは「あなたの夢の原型」を書いてもらいました。


今回は、あなたのゴール（夢）を書いてもらいます。

小学生時代のイチロー選手がプロ野球選手になるまでの明確な手段や方法を書いていましたが、それは先にゴールを決めていたから書けた内容です。

つまり、ゴールさえ決まれば、小学生にでも、ゴールまでの道のりが分かるということです。

ゴールは1つ、手段や方法は無限にあると話しました。


まずはゴールを設定しましょう！

あなたが心から望む〝want to（ウォン・トゥー）〟のゴールです。

とにかく参加することが大切です。

どんな馬鹿げた夢でも構いません。もう一度、大きな夢を描いてください。

次のページに、あなたの夢（ゴール設定）を書いてください。

夢

あなたのゴールを設定してください！

〈第二章までのまとめ〉

●あなたはものすごい可能性を秘めた光り輝く原石！

●自信も、希望も、前向きな気持ちも、光り輝く瞳も、全て元々持っていた！

●夢を叶える最初のステップ、ハッピーロードへの分岐点はゴールを設定すること

●心から本当に叶えたいと思う「want to」のゴールを設定する

●手段や方法ばかりを考えない

●ゴール設定をすれば、あなたが持っている、とてつもない能力や才能が目覚める

●ゴール設定には、あなた自身の能力を引き上げる力がある

第三章 見えない鎖を引きちぎれ!

◆非常識の世界に身を置く

この本の冒頭で話した「見えない敵」の話をします。非常に重要なパートです。
私たちの周りには「見えない敵」が存在しています。
その敵は私たちを不幸という落とし穴に突き落とす非常に恐ろしい存在です。
あなたはこの見えない敵の攻撃から身を守っていかなければいけません。
そして、この見えない敵の毒牙にかかる人にはある特徴があります。

それは、頭のいい人、勉強のできる人、真面目な人です。
その理由は後で説明するとして、まずはその見えない敵の名前を発表します！

その見えない敵の名前は「常識」です。

「え？　常識？」意外な名前だったかもしれません。まずは「常識」というモノを疑ってほしいのです。なぜなら、常識的なことは、それが当たり前すぎて本気で考えないからです。
常識にとらわれすぎると、全て常識の範囲内で考え、そして行動をするようになります。

あなたが憧れる人、世の中で大成功している人たちの行動を見てください。間違いなく常識だけではなく、非常識な発想をし、非常識な行動をとってきたはずです。

普通ではなく異常な行動です。世間一般的に見ると少数派の考え方や価値観です。

先ほどのイチロー選手や本田選手であれば、小学生の頃から他の人では考えられないような練習をしてきました。プロスポーツ選手になるために練習をすることは普通であり常識的なことですが、彼らは常識外れな猛練習をしてきました。つまり、非常識な世界に身を置いてきたわけです。イチロー選手の場合であれば、小学3年生の頃から1年間で360日も猛練習をしてきたわけですから、どれだけ少数派だったのかが分かります。

少なくとも、常識的なことだけでは、大成功はできません。全て想定の範囲内で終わります。人と違う発想、人と違う価値観、人と違う行動、人と違う体験をするから、人と違う大きな結果を生み出すのです。私たちが夢を叶える上で、時には非常識な選択も大切になってきます。常識から外れた考えや行動も必要になってくる時があるのです。

それはもちろん、犯罪行為や人に迷惑をかけるといった非常識な行動ではありません。

また異常や非常識、少数派という言葉を悪い意味で捉えている方が多いかもしれませんが、簡単にいうと「普通ではない、一般的ではない」という意味です。

もし、あなたが人生を変えたいのに、変えることができない。夢を叶えたいのに叶えることができないというのであれば、それは「常識」の世界にだけ身を置いていることが原因かもしれません。

つまり、ごく普通の価値観や考え方だけで固められた人生です。

あなたが心から叶えたい夢は、ごく普通の夢ですか？
それとも少数派、大きなことを成し遂げる夢でしょうか？
少数派の夢とは、「プロ野球選手として絶対に成功する！」というイチロー選手や「世界一のサッカー選手になる！」という本田選手のような〝大きな夢〟がある人生です。

普通の人、多くの人が達成できる夢であれば、その人たちと同じ常識的な考えや行動だけをすれば叶うでしょう。

しかし、少数派である大きな夢を叶えたいのであれば、非常識な行動、異常だと思う考え方や行動も大切にしなければいけません。

ルフィの場合であれば、泳げないのに1人で大海原に出るという非常識な行動や、イチロー選手や本田選手であれば、友達が遊んでいる時間に、猛練習をするといった少数派

の行動です。大きな夢を叶えたいのであれば、人とは違う行動をしなければいけません。

まずは、あなたの夢の大きさを把握してください。

人生を変えたいのに変えることができないという方は、普通の行動ばかりをしていませんか？　常識という言葉に縛られていないでしょうか？

ここまで話してきた通り、夢を叶える最初のステップは「ゴール設定」です。

本書の途中で「あなたのゴールを書き込むページ」がありました。

最初に夢の原型を書いて、その後にさらに非常識なゴールを書いてください、というページです。そこに、あなたの夢は書けましたか？　きちんとゴール設定ができたでしょうか？

ゴール設定ができた人は、今のままついてきてください。

しかし、ゴールが書けなかった人、夢が思いつかなかった人は常識に乗っ取られているおそれがあります。本当に大切なことなのでよく聞いてください。

常識に乗っ取られてしまうと、夢を叶えること自体が非常識なことだと判断します。

夢を叶えるという発想自体が思い浮かばないのです。次のような感じです。

たとえば、本田選手のような「世界一のサッカー選手になる！」という大きな夢を常識だけで判断すればどうなるでしょうか？　おそらく、このような判断をするでしょう…。

「世界一のサッカー選手になるなんて、何十万人、何百万人に1人の確率だ。常識的に考えれば難しい確率だ！　非常識すぎる！、もっと確実な夢にしよう！」

こうして、次々と思い浮かぶ夢を「常識というふるい」にかけて諦めていくのです。

確実に達成できる夢、多くの人が達成できる夢があるとして、それはあなたが本当に心から叶えたい夢と呼べるでしょうか？

誰もが達成できる夢は、もはや夢ではありません。ごく普通のことです。

先ほどの質問の続きですが、ゴールが書けなかった人の中には、せっかく浮かんだ夢を非常識だとして排除した人がいませんでしたか？　確率論で考えませんでしたか？

あなたの中の常識が強すぎて非常識を排除しませんでしたか？

自分には関係のない話、無理な夢だと諦めませんでしたか？

いかがでしょうか？

私がこのパートでお伝えしたかったことは、全てこの質問に詰まっています。常識が強すぎれば「自由な発想」ができません。頭がよくて勉強ができて、真面目な人ほど常識を重んじる傾向があります。全て常識的な世界で考え、行動をするのです。

特に「そもそも叶えたい夢がない人」「人生を変えたいのに変えることができない人」は、あなたが作り上げた常識の枠組みを一旦外して、非常識だと思うことも受け入れてみましょう。その意識や行動が、あなたの人生を激変させるきっかけになります。

今までのマインドで何も変わらなかったというのであれば、新しいマインドを取り入れる必要があるということです。

勘違いしてはいけないことは、これまでにあなたが積み上げてきた価値観や考え方を捨てるのではなく、それよりさらに大きな枠組みで世界を認識するということです。

今のあなたに一番必要なモノは非常識な知識や価値観、そして選択や行動です。

自分で作り上げてきた、今までの枠組みを広げましょう。

大きな夢を叶えたいのであれば、多数派、常識の世界だけに身を置いてはいけません。

少数派、非常識、異常と思える世界に身を委ねることも大切です。

◆コンフォートゾーンは私たちのマイルーム

ここまでゴール設定の大切さをいろいろな角度から話してきました。旅行で言えば、まずは旅行先（＝ゴール）を決めましょう！　という話でした。最初に旅行先を決めなければ、プランやスケジュールも決めることができません。

大切なことはシンプルに考えることです。そして、優先順位をはっきりさせておくことです。「何が最も大切なのか？」、それを常に意識してください。特に心配性の方は、細かなルートやプランばかりを気にする癖があります。あまり心配しないでください。多少、道に迷ったとしても、進むべき方向やゴールが明確であれば必ず到着することができます。

漫画の中に出てきた2つ目のキーワード「コンフォートゾーン」とは「居心地のいい空間」という意味です。

コンフォートゾーンは人それぞれ形は違いますが、全ての人が持っている見えない空間です。分かりやすく例えると自分の部屋のような存在です。

通常、私たちは自分の家や部屋にいる時はリラックスしています。つまり居心地がいいわけです。もし自分の部屋で居心地のよさを感じることができないという人は落ち着ける

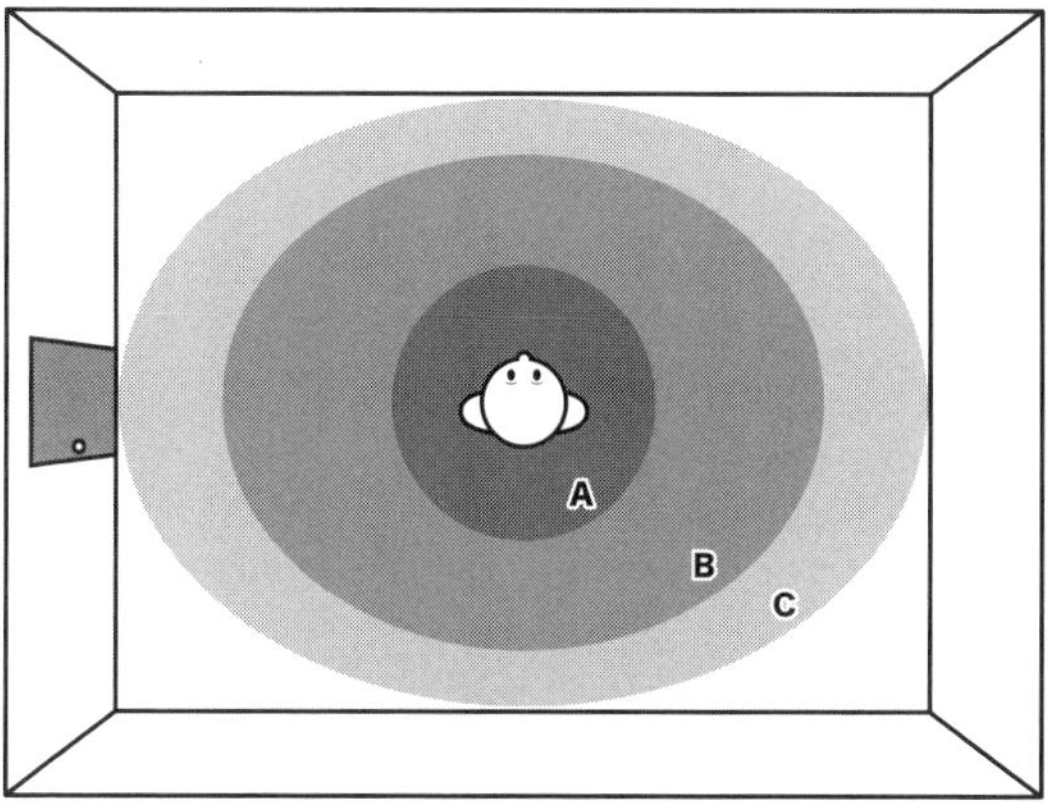

図1

別の空間を思い描いてください。よく行くカフェでもいいですし、どこかのホテルの一室でも構いません。あなたが落ち着けると感じる空間や場所を思い描いてください。その空間にいるとあなたは精神的に落ち着けます。居心地がいいのです。

イラストではコンフォートゾーンをあくまでも分かりやすい形で表現していますが、もちろん人それぞれ形は違いますし、決して目に見えるものではありません。しかし全ての人が持っている空間です（※図1参照）。

あなたにとって居心地がよく落ち着けるシチュエーションはどんな時でしょうか？

自分の部屋で好きな音楽を聞いている時という人や、親しい人と一緒にいる時間という人もいるでしょう。その瞬間があなたにとって居心地がよくリラックスできているということです。イラストでいうとコンフォートゾーンのA地点（ど真ん中）にいる状態です。

コンフォートゾーンの中心が最も落ち着ける場所です。心の底からリラックスしています。しかし、その部屋の中心（A地点）から離れれば離れるほど徐々に居心地が悪くなります。落ち着けなくなってくるのです。

B地点にいる時はまだリラックスできますが、C地点はコンフォートゾーン内にギリギリとどまっている場所です。つまり、もう少しでコンフォートゾーンの外に出てしまうシチュエーションになると、私たちは急にソワソワしはじめます。そのソワソワしている状態を説明すると、たとえば次のような感じです。

普段、シャネルやルイ・ヴィトンといった高級ブティックに行かない人が店内に入ると違和感を覚えソワソワします。何だか場違いな場所に来たような感覚です。自分は本当にここにいてもいいのだろうかと思います。

ソワソワとは言い方を変えるとアラームが鳴っている状態です。コンフォートゾーンから外れようとしている、もしくはコンフォートゾーンから離れてしまった、と潜在意識が警戒音を鳴らしている状態です。「早くコンフォートゾーンに戻りなさい、自分の部屋へ戻りなさい」と促している状態です。それがC地点です。

人は居心地がいいと思う場所からは離れたくないと感じる生き物です。誰しも居心地が悪いと思う空間に長居したくはありません。

つまり、私たちはコンフォートゾーンからできるだけ出ないように生活をしています。

コンフォートゾーンは心のオアシス、出てしまうのが怖いのです。

◆サハラ砂漠のど真ん中へ！

あなたは今、アフリカ大陸のおよそ3分の1を占めるサハラ砂漠のど真ん中にいます。

現在の気温は48度、照りつける日差しは、あなたの肌を刺してきます。唯一手にしている水筒にも水がありません。

このような状況下で居心地のよさを感じる人はいないでしょう。当たり前の話ですが、砂漠のど真ん中にたった1人でいるということは誰にとっても居心地が悪いからです。居心地が悪いと感じる場所やシチュエーションからは誰しも早く抜け出したいと感じます。

普段の生活であれば友達と喧嘩した時、上司に怒られた時、お腹がペコペコの時、物事が上手くいかない時、時間に追われている時など例を挙げればキリがありません。

たとえば浮気がばれて彼女に追及されている男性がいたとします。追及されている男性は当然、居心地が悪いでしょう！　無意識に鼓動は速くなり、脇汗など普段かかない汗をかいたりします。

居心地が悪いとは、つまりコンフォートゾーンではありません。自分自身のコンフォートゾーンから外に出そうな時、明らかにコンフォートゾーンの外にいると脳が判断した場合、一刻も早く自分のコンフォートゾーンに戻りたいと思うようになります。

これは本当に些細なことから重大なことまで、ありとあらゆる場面で私たちに無意識レベルで働きかけます。

本当に些細なシチュエーションの場合、たとえば、どこかのファミリーレストランでイラストのようなトイレに行った時、あなたならA、B、C、どの個室を選びますか？　一番入りやすいと思うトイレから順位をつけてみてください（次ページ　図２参照）。

続いては重大なシチュエーションです。最も重大なシチュエーションとは命の危険に関わる状況です。映画などではピストルを突きつけられるシーンをよく目にしますが、実際に自分がこのようなシチュエーションになればどうでしょうか？

何としてでも逃れたい、助かりたいと思うのは当然です。

魚であれば陸に打ち上げられている状態で、一刻も早く水の中に戻りたい状況です。

図2

●心理的に入りやすいのは一番奥のAのトイレ、続いて手前のCのトイレ、最後に真ん中のBのトイレでしょう。
Aのトイレは一番奥で片方が壁であるため心理的に安全だと判断します。
Cのトイレは入り口に近いものの挟まれるというプレッシャーがありません。
Bのトイレは両方の個室に他の人が入ると落ち着けなくなる可能性があります。

これはトイレだけでなく賃貸マンションでも同じようなことが言えます。不動産屋の物件情報でも「角部屋」という記載があります。

◆牙を抜かれたライオンに魅力を感じるか？

このパートでは、あなた自身のコンフォートゾーンを理解していきます。自分自身のことを今まで以上に知ることができれば、自分に足りない部分や気付かなかった長所なども見えてきます。

まず、あなたにしか答えられない質問をします。

Q　現状の生活にどれくらい満足していますか？
　仕事やプライベート全般を含め、お答えください。次の①〜⑤の何番でしょうか？

①完全に満足している
②ほぼ満足、特に不満がない
③不満はあるが納得できるレベル
④不満だらけ、何とかしたい！
⑤満足度０％！　我慢の限界！

さて、何番でしたか？

この問題は①番が最もよくて、⑤番が最も悪いというものではありません。

こういう例え話から答え合わせをしていきます。


動物園にライオンがいます。檻の中で争いもなく、外敵から襲われる心配もありません。毎日、美味しい餌までもらえます。そんなライオンに人間と同じ気持ちがあったらどう思うでしょうか？　サバンナから無理やり連れてこられたのであれば、きっとこう言います。


「昨日までは広大な草原で自由に駆け回っていたのにこんな狭い檻に入れやがって!!」

それこそ気が狂うくらい怒りまくるでしょう。

先ほどの回答で言えば⑤番の【満足度０％！　我慢の限界！】の状態です。


しかし、どうでしょう。そんな生活も1年2年と経過すると、これまでの大草原での暮らしがだんだんと馬鹿らしく思えてきます。なぜなら檻の中にいれば、何もしなくても毎日、美味しい餌がもらえるからです。サバンナでは毎日空腹に耐え、獲物を探し、一日中歩き回っていました。狩りをする際にも怪我をしたり命を落としたりする危険までありました。動物園での暮らしが、3年も経過すると、大草原での自由な暮らしはどこへやら、狭い檻の中の暮らしがすっかり気に入ってしまいます。

ついには①番の【完全に満足している】になってしまいます。

「住めば都」という諺（ことわざ）があるように、同じ環境や同じ場所で長く生活していると、徐々に慣れ親しみ、居心地がよくなります。居心地がいいと感じる場所からは人は離れたくありません。今の状態を維持していきたいと思います。たとえそれが檻の中であってもです。

実際の話として刑務所に何年も入っている受刑者は刑務所の暮らし自体に居心地のよさを感じ、それがコンフォートゾーンになってしまいます。多くの受刑者が刑期を終えて出所する前に恐怖を感じるといいます。つまり刑務所の暮らしに居心地のよさを感じ、現状を維持したい！　コンフォートゾーンから離れたくない！　と感じるのが原因です。

刑務所での暮らしを長く続けていると、それが人生のオアシスになる場合もあります（※法務省が平成20年に作成したアンケート調査によると、出所後に不安があると答えた受刑者は78％でした）。

せっかく、刑期を終え出所したとしても、コンフォートゾーンになってしまった刑務所に戻るために、再び罪を犯す人は珍しくありません。怖い話だと思いませんか？
本来であれば、刑務所に入れられたくないから罪を犯さないのに、刑務所に入るために罪を犯すようになってしまうのですから…。

さらに怖い話をします。覚悟をして聞いてください。
檻の中のライオンや、刑務所の生活がコンフォートゾーンになった受刑者と同じようなことが、実は私たちにも起こっているのです。

たとえば、人生を変えたい、夢を叶えたい、生活を変えたい、年収を増やしたい。あなたも同じことを何年も前から思っているということはありませんか？

しかし、現実には、全く変わらない。何も変化がない。
このようなことがないでしょうか？

もし、心当たりがある人は、檻の中のライオンや受刑者たちと全く同じことが、あなたの中で起こっている可能性があります。これを分かりやすく数字で説明しましょう。

仮にあなたの年収が５００万円だとします。そして５００万円がコンフォートゾーンになっていれば、あなたは年収５００万円を死守しようとします。年収３００万円にならないように行動をするのはもちろんですが、年収１０００万円にもならないように行動をするのです。


「ん？　何だか難しい話だぞ？」そう思われましたか？

刑務所の生活と同じで、私たちは低い年収もコンフォートゾーンにすることができます。たとえば年収３００万円の人は今よりもっと収入が欲しいと思っています。しかし、その生活を何年か続けていくと、知らない間に年収３００万円がコンフォートゾーンになってしまいます。そして年収３００万円がコンフォートゾーンになれば、私たちは知らない間に年収３００万円の生活を維持する行動ばかりをとるようになります。

つまり、わざと年収３００万円を維持する行動をとるということです。せっかく刑務所を出ても、再び罪を犯し、刑務所に舞い戻ってくるのと同じです。

「そんなバカな話は信じられない！」と思われる方が多いかもしれません。

ここは、しっかりと理解してほしいポイントなので、別の観点からさらに話をします。

友達同士でボウリング場に行きました。あなたの今までの平均スコアは１００点だと仮定します。そしてゲームがはじまると、あなたはいきなり3回連続でストライクを出しました。最高のスタートです！　このようなシチュエーションの場合、あなたならどのように考えますか？

今日は調子がいい！　この後も頑張ろう！　多くの方はそう思います。

しかし、1ゲーム目に１５０点を出しましたが、2ゲーム目は50点。終わってみると平均スコアは１００点になっていました。こんな経験はないでしょうか？

競技がゴルフであっても同じです。前半はすごく調子がよかったのに、後半に入ってから予想以上に叩いてしまった。終わってみればいつもと同じようなスコアだった。

あなたは何か思い当たることはありませんか？

ここで重要なことは「どうしてこのようなことが起こるのか？」ということです。

もう一度ボウリングの例で振り返ってみましょう！

今までの平均スコアは１００点です。1ゲーム中に出すストライクの数は1回か2回あるかないかというペースです。しかし1フレーム目から3回連続でストライクを出しました。あなたは今日は調子がいい、ラッキーだと最初は思っています。

しかし、その半面、「この後、失敗が続くかもしれない」と、頭のどこかで恐怖を感じています。

コンフォートゾーンの面白いところは、自分にとって有利やラッキーだというシチュエーションでも、「自分のコンフォートゾーンではない！」と判断してしまうところです。

ボウリングのスコアで話すと、あなたのコンフォートゾーンは１００点です。50点でもコンフォートゾーンから離れていますし、１５０点でもコンフォートゾーンから離れていると判断しているのです。

これはお金についても同じように働きます。

宝くじで大当たりした人が自己破産をした。こういったニュースをあなたも一度や二度は聞いたことがあると思います。

宝くじで大当たりすることは、他人から見るとラッキー以外の何物でもありません。

当然、大当たりした本人もラッキーだと思っています。

しかし、大切なことは私たちのコンフォートゾーンにとって、それはラッキーではなく、アンラッキーと判断しているということです。

想像してください。あなたの預金額が100万円だとしましょう。

ある日、宝くじが大当たりし、通帳記入をするとゼロが8つも並んでいます。

なんと3億円の大当たりです。

最初は大喜びしたものの、そのうちだんだんと怖くなってきます。なぜなら預金100万円があなたのコンフォートゾーンだからです。100万円が0円になるのもコンフォートゾーンの外で居心地が悪くなりますが、100万円が3億円になるのもコンフォートゾーンの外なので無意識的に元の100万円に戻そうと無理やりにでもお金を使ってしまうのです。本来なら絶対に乗らない怪しい儲け話にお金を出したり、人に大金を貸してみたりと、とにかく100万円になるまでどんどん使ってしまいます。


ここで一度、あなたの過去を振り返ってください。こんな経験はありませんでしたか?

何か思いがけない臨時収入があった時、そのお金をスグに使った経験はありませんか?

いつもなら買わないような物を買ったり、少し気が大きくなって使ってしまった経験はないでしょうか?

臨時収入というのは、あなたのコンフォートゾーンの外の話です。本当であれば嬉しいはずの臨時収入が、あなたのコンフォートゾーンにとっては「異物」なのです。

どうにかして元のあなたに戻そうとします。そして無理やりにでも、その異物（＝臨時収入のお金）を吐き出させようとあなたに無駄使いさせます。

これは、大草原で生活していたライオンが、いつしか檻の中に居心地のよさを感じるのと同じです。檻の中の生活がコンフォートゾーンになってしまったライオンは、檻から出されると困ってしまいます。なぜなら、毎日の安定した食事がもらえなくなるからです。毎日、何もしなくても餌がもらえるので、走ることをやめ、食べて寝るだけの生活が続くと狩りができなくなります。もはや百獣の王ではなく、ただの小さな檻の住人です。牙を抜かれたライオンには、自由に大草原を駆け回っていた百獣の王の面影はありません。

私たちの子どもの頃もそうです。夢も、自信も、希望も、キラキラ光り輝く瞳も、全て持って生まれてきたのです。大草原を駆け抜けていた百獣の王と同じです。いつしか自信という牙を抜かれ、抱いていた「夢」も忘れてしまいます。

今のあなたは檻の中のライオンのように牙を抜かれた状態になっていませんか？これは、元々持っていた牙を取り戻す戦いでもあるのです。

◆真犯人を突き止めろ！

私たちの周囲には、不幸という落とし穴に突き落とす「見えない敵」が存在しています。ここでは、「見えない敵」の大ボスとも呼べる、非常に恐ろしい存在を明らかにしていきます。この大ボスの実力をボクシングに例えるなら、ヘビー級チャンピオンクラスの実力者だと思ってください。とんでもない強敵です。

夢を叶えたいのに叶えることができない。
人生を変えたいのに変えることができない。
行動したいのに行動できない。
ダイエットをしたいのにダイエットができない。
お金を稼ぎたいのに稼ぐことができない。

これらは全て「見えない敵」の大ボスが引き起こしている、ほんの一例です。
「そんな強敵に勝つ自信がない！」と思われるかもしれませんが、少し考え方を変えてみてください。つまり、この大ボスにさえ勝つことができれば、夢を叶えることは圧倒的に有利になるということです。

この本では、その攻略法はもちろん、とんでもない秘策まで伝授していきます。

その秘策を上手く活用できれば、どんな夢でも自由自在に叶えることができるのです。


先ほどの檻の中のライオンの話でお伝えしたように、人は変化を恐れる生き物です。

私たちは、できるだけ今の自分を維持しようとします。

つまり、現状維持です。

この現状維持をさせている力こそが、実は見えない敵の大ボスです。


「現状維持？　それが本当に恐ろしい敵なの？」そう思われる方も多いでしょう。

大切なことを言いますので、よく聞いてください。

「見えない敵」を言い換えると、当たり前になっているモノ、意外なモノという意味です。


たとえば、あなたが元々、危険だと認識しているモノは、実はそれほど怖い存在ではありません。なぜなら危険だとすでに認識しているからです。もしも、人食いサメが泳いでいるプールがあれば、危険を承知で飛び込む人はいません。

本当に怖い存在とは、あなたが危険だと認識していないモノ、さらに言ってしまうと、あなたが味方だと信用しているモノが実は危険な敵の場合です。

先ほどのプールの話で言えば、飛び込んだプールの水自体が毒に侵されている場合です。

飛び込んだ後に毒だと気づいても、もう手遅れなのです。

まずはその存在を知ってください。サスペンスドラマで言えば真犯人の存在です。

真犯人を見つけなければ、事件は迷宮入りし、本当の解決にはなりません。

その大ボス、真犯人の名前は「ホメオスタシス」といいます。

このホメオスタシスを日本語にすると「恒常性維持機能」といいます。

たとえば、私たちは暑いと感じると汗を流します。体温が上がりすぎないように汗をかいて、体温を調節しているからです。現状の体温を維持する。これも1つの現状維持です。

傷口など自然に修復する力もこのホメオスタシスの働きです。

そして、ここからが話の核心です！

現状維持をするということは、そこに「いい」も「悪い」もありません。

大切なことなのでもう一度言います！

現状を維持するということは、そこに「いい」も「悪い」もありません。

ただただ現状を維持するだけです。

年収３００万円の人であれば年収３００万円が現状です。

ホメオスタシスは年収３００万円に対して「いい」とか「悪い」と判断しません。

年収をアップしたい、人生を変えたい、夢を叶えたい、あなたが変わりたいのに、変われないのは、ホメオスタシスが現状維持をさせているからです。あなたを見えない鎖でグルグル巻きにして身動きができないように縛り付けているのです。

ホメオスタシスが、どれほど恐ろしい敵なのかが分かってきたと思います。

◆行動ができない本当の理由

頭では分かっているのに行動ができないといいますよね？

たとえばダイエットをしたいのにダイエットができないとか、勉強をしたいのにできない、など。三日坊主も同じ意味です。

そもそも、頭では分かっているのにどうして行動ができないのでしょうか？

「なんて意志が弱い人間なんだ！」と自分を責め、落ち込んだ人も多いと思います。

私がここでハッキリと断言します！

あなたは全く悪くありません！

あなたの意志が弱いのではなく、ホメオスタシスが強いのです。


ホメオスタシスはボクシングで言えば、ヘビー級チャンピオンクラスの実力者です。

その屈強なチャンピオンが現状維持を司る門番として、常にあなたが変わらないように見張っているのです。この恐ろしい呪縛が理解できるでしょうか？


たとえば、あなたが「何か行動をしよう！」「自分を変えよう！」「成長しよう！」と思ったとします。それが、あなたが実際に頭で思っていること、考えていることです。

しかし、ホメオスタシスの立場から見ると、それは現状維持ではありません。

現状維持を司るホメオスタシスにとって、あなたの成長や行動は悪いことだと判断するのです。つまり「現状の外側へ行こう！」とあなたが強く思えば思うほど、あなたの足を力強く掴んで離しません。現状維持の呪縛から逃れられないのです。

たとえスキルアップや内面的に成長することでもホメオスタシスは許してくれません。なぜなら、現状を維持するのに「いい」も「悪い」もないからです。ただただ現状を維持します。現状維持という見えない鎖で「あなた」を縛り付けるのです。

あなたが強く行動しようと思えば思うほど、その力に比例して、とんでもない力であなたを抑えつけて行動できないようにしてきます。とても強力な力です。

相手の力をそのまま跳ね返す合気道の奥義のように、あなたの力強い意志を、そのまま跳ね返し、より頑丈な鎖でグルグル巻きにして縛り付けるのです。

これが頭では分かっているのに行動ができないことの真実です。

年中ダイエットをしている女性がいます。それは、すぐに元の体型に戻ってしまうからです。つまり現状維持です。ダイエットが長く続かないのは、あなたのコンフォートゾーンが今の体型であり、ホメオスタシスが現状の体型に戻すからです。

仕事を変えたい、独立したい。お金を稼ぎたい、貯金したい。成長したい、変わりたい。あなたが変わること、現状維持ではないことを、ホメオスタシスは許してくれません。それは、現状維持という見えない鎖に「あなた」が縛り付けられているのが原因です。

「動きたい！」のではなく「動けない」のです。

◆人生のスカイダイビング

ここで現状維持という見えない鎖に縛り付けられている状態を体験してもらいましょう。

あなたがスカイダイビングをする時を想像してみましょう。はじめての人であれば、とてつもない恐怖を感じると思います。よほど度胸がある人でなければすぐに飛び降りることはできないでしょう。実は、あなたに恐怖を感じさせている張本人がホメオスタシスです。上空3000メートルというだけで異常事態なのに、さらにそこから飛び降りようとするのは現状維持の正反対の行為です。〝死〟を連想するため、ホメオスタシスがものすごい力で引き止めようとするのです。そのものすごい力が、〝恐怖〟です。

恐怖には、とてつもないパワーがあります。まさしく負のパワーです。

そして、ある1つの矛盾が発生します。

夢を叶える最初のステップ「ゴール設定」のゴールとは現状の外側の世界に行こうという意味です。つまりコンフォートゾーンの外側の世界です。スカイダイビングも現状の外側の話であれば、ゴール設定をした夢の場所も現状の外側の世界です。夢は現状の外側にしか存在しません。

コンフォートゾーンから離れた場所であればあるほど、ホメオスタシスがその力を発揮してあなたを足止めします。つまりスカイダイビングと同じ心理状況になるということです。重大な決心であればあるほど、ホメオスタシスがあなたを力強く縛り付けてきます。


現状を突破する時には必ず不安な気持ちを感じます。それは、ホメオスタシスが現状維持させようと不安を煽り立て、あなたを足止めするのが原因です。

ダイエットをしている女性であれば、ホメオスタシスがあなたの耳元でこのようにささやきます。


「今日はたくさん歩いたからご褒美にケーキでも買おうよ！」

「昨日は1食しか食べてないんだから、今日は2食は食べないと身体を壊すよ！」

「今週も仕事をよく頑張ったよ！　お疲れさま！　ビールでも買って乾杯しよう！」

このような感じで、あなたを元の体型に戻そうと必死で話しかけてきます。


ホメオスタシスはあなたが現状の外側の世界に行くことを許してくれません。

あなたの「チャレンジ精神」を吹き消すのがとても上手いのです！

たとえば、サラリーマンを辞めて起業を考えても同じです。
ホメオスタシスは私たちの耳元で次のように話しかけてきます。

「もし失敗したらどうするの？」
「借金まみれになって破産しちゃうよ！」
「家族はどうすんだよ？　みんな巻き込んで不幸にするつもりか？」

あなたのやる気の火種（ひだね）を吹き消す半面、不安という火種には油をかけて、その火種の火をドンドン大きくし恐怖を感じさせます。

つまり、あなたの夢が大きければ大きいほど、あなたの意志が強ければ強いほど、ホメオスタシスの力もそれに比例して大きく、そして強くなるのです。

それでは天敵とも呼べるホメオスタシスに打ち勝つにはどうすればいいのでしょうか？

◆見えない敵との戦い方

ホメオスタシスという見えない敵に打ち勝つためには相手のことをよく理解しないといけません。ボクサーが対戦相手を分析するのと同じです。どういったパンチが得意で、どういった動きをするのか？

まずは相手を徹底的に分析する必要があります。

対戦相手が最も得意とすることは、あなたの中にある不安という火種を大きくすること、あなたの「やる気の火種」を吹き消すことです。

この攻撃をボクシングに例えると、左パンチがあなたに不安と恐怖を与えること。とにかく的確なジャブで、あなたをリングのコーナーサイドに追い込んでいきます。

不安と恐怖という見えないパンチであなたを疲れさせ、そこに伝家の宝刀である右ストレートを打ち込んでくるのです。その右ストレートこそが、あなたのチャレンジ精神をへし折るのです。

大きなチャレンジ、大きな変化ほど、より激しい攻撃を受けます。

あなたが不安だと思えば思うほど、相手は喜びます。

あなたが不安だと思えば思うほど、相手はパワーアップします。

あなたがやる気をなくせばなくすほど、相手はさらに手数（てかず）を増やしてきます。

あなたがやる気をなくせばなくすほど、相手はやる気になるのです。

つまり、あなたがコンフォートゾーンにより現状維持された世界から抜け出そうとすればするほど、変わろうとすればするほど、相手は力強く手数を増やし、さらにやる気になって攻撃してくるのです。

あなたが現状から抜け出す時は必ず不安な気持ちになります。それは、はじめてスカイダイビングをする時と同じような感覚だと思ってください。

足がすくみ、心臓がバクバクし、自分の力だけではとても飛び出す勇気は出ません。

しかし、勇気を振り絞って実際に飛び降りてみると、そこには美しい景色、素晴らしい世界、人生が一変するような素晴らしい体験があなたを待っているのです。

ワンピースのルフィで言えば、泳げないのに1人で船出したのと同じです。

大きな夢を持って船を出した結果として、生まれ育った村では絶対に体験することができない素晴らしい冒険がはじまったのです。

生まれ育った村が現状、大海原が現状の外側の世界です。

現状を変える時、人生を変える時、夢に向かって走り出す時、大きな変化が起こる時には、不安な気持ちが津波のように押し寄せてきます。


不安な気持ちが強ければ強いほど、劇的にあなたの人生が変わるということです。

その不安や恐怖と正面からまともに戦ってはいけません。

その代わりにマインドを変えてください。

「不安な気持ちは素晴らしい人生への入り口だ!」という認識に変えるのです。


不安になればなるほど、「これから素晴らしい人生に変わる準備をしている」と思ってください。開けることが怖い扉であればあるほど、その扉を開けた時、素晴らしい絶景が待っています。あなたが本当に見たかった景色がそこにあるのです。

◆最も頼れる仲間

ここでまたワンピースのルフィに登場してもらいましょう！

いきなりですが、海賊王を目指すルフィの一番の強みは何だと思いますか？

それはズバリ！、自分のライバルを仲間にしてしまうことです。

どれだけ強い人間だとしても、たった1人でできることは限られています。

ルフィの最も優れた能力、それは人間的魅力で強い相手を自分の仲間にしてしまうことです。

「ライバルを仲間にする！」この能力は、これから夢を叶えていくあなたにもマスターしてもらいます。

強い仲間が集まれば、あなたの人生という名の航海が安全で心強くなるからです。

ここまでホメオスタシスというとんでもない強敵をご紹介しました。

このステップでは、その強敵であるホメオスタシスを仲間にしよう！ という内容です。

「ゾクッ！」と鳥肌が立った人は感覚が非常に冴えています。

なぜなら、とんでもない内容だからです。

今から話すことは秘策中の秘策です。集中してよく聞いてください。

コンフォートゾーンとはこれまで話してきた通り、居心地のいい空間です。居心地がいいために現状から抜け出すことができません。強敵ホメオスタシスがあなたを現状維持という見えない鎖でグルグル巻きにしてしまうからです。


それでは、コンフォートゾーンを現状ではない別の場所に作ってしまうとどうなるでしょうか？

その究極の答えとは、あなたが本当に行きたい場所、夢の場所にコンフォートゾーンを作ってしまうのです。


「え？　苫米地さん、それ本気で言ってますか？」

「そんなこと無理じゃないですか？」

そう質問したくなるのは無理もありません。

先ほども言ったようにとんでもない内容ですから。

コンフォートゾーンは居心地のいい空間です。そして、ほとんどの人は現状がコンフォートゾーンになっています。実は夢を達成できない一番の原因がここに隠されています。

現状がコンフォートゾーンとは、すでに居心地がいい、満足している状態です。

つまり現状に満足しているから行動ができないのです。すでに夢を叶えた状態と言ってもいいでしょう。ですから、あなたが夢を叶えるためには現状に満足していない状態、ハングリー精神が必要です。

そもそもハングリー精神があるとはどんな状態でしょうか？

それは、「這い上がってやろう！」「成り上がってやろう！」とやる気をメラメラ燃やしながら頑張っている状態です。現状に満足できずに努力している状態です。

そして、このメラメラ燃える燃料こそがモチベーションです。

車でいうガソリンのような存在だと思ってください。車があなただとすると、ガソリンがモチベーションです。ガソリンがなければ、あなたは走り出すことはできません。

つまり、あなたが夢を叶えるためには、このモチベーションが必要になってきます。

しかし、残念ながらモチベーションには1つ大きな欠点があります。

それは、ストックができないという実に大きな欠点です。ある日、あなたがすごくやる気を感じることがあったとしても、それを何日もストックすることはできません。

モチベーションは、お金やガソリンのようにストックしておくことができません。

つまり、常に生み出し続けないといけないのです。あなたのモチベーションは、あなた自身で生み出し続けなければすぐにガス欠を起こします。

他人から一時的にモチベーションを上げてもらったとしても、それは長続きしないのです。なぜなら、自分自身で生み出した燃料ではなく他人からもらった燃料だからです。

自己啓発セミナーなどに行った人が2〜3日程度はやる気がみなぎっていますが、1週間もすれば元の自分に戻ってしまうのと同じ理由です。

そして、ここからが大切な話です。よく聞いてください。

このやる気というガソリンを常に生み出し続けるために、あなたの強敵であるホメオスタシスを仲間にするのです。敵にするとものすごく手強(てごわ)いということは、仲間にすれば実に頼もしい存在になるということです。

ホメオスタシスを仲間にする方法は、あなたがゴール設定をしたその場所に、コンフォートゾーンを作ることです。叶えたい夢の場所をコンフォートゾーンにするのです。

あなたがコンフォートゾーンの外に出てしまっている場合、ホメオスタシスが一刻も早く

コンフォートゾーンに戻そうとします。ホメオスタシスがあなたの手をとり、とんでもない力で引っ張り上げてくれるようになります。そして、その引っ張り上げてくれる場所こそが、あなたがゴールとして設定した夢の場所だということです。

この状況をヤドカリに例えるならこんな感じになります。まずヤドカリにとって自分の貝殻の中がコンフォートゾーンです。そのコンフォートゾーンである貝殻を無理やり外して別の場所に置くと、本体であるヤドカリは慌ててその貝殻に駆け込みます。

その貝殻の場所、ヤドカリが駆け込む場所こそが、夢の場所だということです。その場所までホメオスタシスがものすごい力でバックアップしてくれるようになります。

その状態はとんでもない力を私たちに与えてくれます。モチベーションが溢れ出ている状態です。ハングリー精神があり、やる気に満ち溢れている状態になるということです。

つまり年収300万円の人が年収1000万円にしたければ、コンフォートゾーンを年収1000万円に書き換えればいいのです。年収1億円にしたければ年収1億円に書き換えればいいのです。なりたい自分、叶えたい夢がある場所にコンフォートゾーンを作ってしまえば、あなたは引き寄せられるようにゴールを達成することができます。

「別の場所にコンフォートゾーンを作る？　本当にそんなことができるの？」

そう疑われるかもしれません。その答えはもちろん「できます」。

ここでは身近な出来事から説明します。

年中ダイエットしている女性の話をしました。あなたの周りにもそういう女性が何人かいるかもしれません。どうしてダイエットが上手くいかないか？　それは現状の体型がコンフォートゾーンだからです。コンフォートゾーンが出来上がると現状維持をしようとホメオスタシスが強烈な力を発揮します。

この現状維持の呪縛から逃れるためには、まずコンフォートゾーンを書き換えなければいけません。ダイエットしたい人であれば自分が理想とするプロポーションを強い臨場感を持って思い描くことです。

たとえば「ビーチに行って理想の水着を着て男性たちの注目を浴びるんだ！」と思い描いたり、好きな人に「可愛いね！」とか「綺麗だよ！」と言われているシーンを強く思い描きます。

さらに具体的にいうと理想の体型でしか着られない水着や衣装を買ってきて部屋に飾ったり、鏡の前で着替えたりしてください。

地道な努力ですが、この地道さがあなたのコンフォートゾーンを書き換えます。

同じ場所に長くいると、たとえ檻の中でもコンフォートゾーンになると話しました。檻の中とは最悪な場所です。最悪な場所をコンフォートゾーンに書き換えることができるのであれば、それとは逆に理想的な場所にコンフォートゾーンを書き換えることが可能だということです。臨場感を強く思い描き、それを続ければ私たちのコンフォートゾーンは書き換えられていきます。

フェラーリが欲しい男性であれば、フェラーリに乗っている自分を強い臨場感を持ってイメージしてください。具体的であればあるほど効果があります。たとえば赤のフェラーリで湘南海岸を彼女を乗せて走っているとか、さらにその時車内でかかっている音楽や会話の内容、ドライブで感じる日差しや風も同時に感じてください。その状態を毎日続けるのです。

携帯電話の待ち受け画面もフェラーリにしましょう。その時の画像は欲しいフェラーリの外観ではダメです。よりリアルに感じられるように欲しいフェラーリの車内の写真、実際のハンドルを握っている自分の画像にしましょう。フェラーリを見ている自分ではなく、すでに運転している自分をイメージしてください。

コンフォートゾーンが書き換えられれば、今の自分はコンフォートゾーンの外にいる状態となるので、ホメオスタシスが何とかコンフォートゾーンに戻そうと力強くバックアップをはじめます。

コンフォートゾーンを檻の中に書き換えることもできれば、理想の自分に書き換えることも可能なのです。

人によってコンフォートゾーンを書き換える方法はいろいろあります。

強いイメージを描くだけでは難しいという方は、実際の環境を変えてみましょう。

一流のサッカー選手になりたい少年であれば、まず少年リーグなどに入るのと同じです。

サラリーマンから独立してビジネスをしたいのであれば、すでにビジネスをしているグループに入ればいいのです。あなたの夢に最も近いグループに入ってください。

あなたのコンフォートゾーンは、普段一緒にいる人たちに反応をし、徐々に形を変えていきます。コンフォートゾーンを理想の形に書き換えていく行動を続けてください。

これは秘策中の秘策なので、明日からすぐにできるようになることは難しいかもしれませんが、諦めずに続ければ必ずできるようになります。

しかし「時間をかけたくない」「すぐに効果の出る話をしてください！」という方に向け最後に裏技を1つだけ話します。

それは、野心や反骨心をモチベーションに変えるのです。「絶対にあいつには負けたくない！」というような感情です。そういった感情にはものすごいエネルギーがあります。

その力をプラスのモチベーションに換えればいいのです。

一代で大企業を築き上げた名物社長や有名人の中には、子どもの頃に非常に貧しい生活をしていた方が多くいます。その方たちのモチベーションは、「もう絶対に貧乏な生活は嫌だ！」というもので、ある意味で負のエネルギーをプラスに変えて頑張ってきたわけです。

つまり、子どもの頃から、豊かな生活をしている大人の自分を思い描き、それをコンフォートゾーンにしてきたということです。

スポーツでも自分のライバルがいた方が頑張れるのと同じです。ライバルに勝った自分の姿を想像し、コンフォートゾーンを書き換えます。

野心や反骨心のエネルギーをプラスに変え、コンフォートゾーンを書き換えてしまうのです。通常は新たなコンフォートゾーンをできる限りリアルに臨場感豊かに感じるようにすれば充分です。

◆夢を踏みつぶす専門家

今の世の中、本気で夢について語ったり、「本当の人生とは！」なんて言ったら鼻で笑われたり、どうせお前には無理だと言われたりします。

このような発言をする人を「**ドリームキラー**」と呼びます。

夢を殺すと書いてドリームキラーです。できれば会いたくない存在です。

彼らが得意なことはできる理由を探すのではなく、できない理由ばかりを探し出すことです。どこをどうすれば失敗をするのか、それを追求する達人です。

まるで世に放たれた麻薬探知犬のように常に鼻をクンクンとさせ、人の悪い部分、ダメな部分ばかりを探し出そうとします。たった1つでも悪い部分があると、まるで麻薬を隠し持っていたとばかりに大々的に取り上げ、あなたにはこんな悪い部分があるからできないよ！　無理だよ！　とあなたのことを否定してきます。完璧な人間なんてどこにもいないのに、ドリームキラーたちはその欠点ばかりを見つけ出すのです。実に恐ろしい存在です。

そのドリームキラーはすでにあなたの隣にいます。身近にいる人たち全員です。

つまり、「あなた」とすでに近い関係の人たちや仲がいい人ほど、ドリームキラーになる可能性が高くなります。先ほどコンフォートゾーンの話をしました。

今、あなたがいる環境はあなたにとって居心地のいい空間です。そして、そのコンフォートゾーンは友人関係にも当てはまります。類は友を呼ぶという言葉があるように、よく似た考え方や価値観の近い人同士が集まります。それはお互いにとってコンフォートゾーンだからです。

あなたが一緒にいて居心地がいいと感じるということは友人もそれと同じようなことを感じているということです。

お互いの居心地がいいから友達であったり恋人として一緒にいるのです。あなたにとってコンフォートゾーンであれば、それは友人にとってもコンフォートゾーンだということです。

ですから、あなたがゴールを設定し、コンフォートゾーンの外側の世界に飛び出そうとすれば、それは相手にとってコンフォートゾーンを乱す敵だと見なされます。

今までは一緒にいて居心地がよかったのに、あなたが今のままではダメだと急に言い出している状態です。友人のホメオスタシスが友人のコンフォートゾーンを守るため、あなたを押さえつけようとします。

少しややこしいですよね？

今まではお互いがコンフォートゾーンだったのに、あなたがその居心地のいい空間で居心地の悪くなるようなことを言うようになった、おかしくなってしまった、と友人はそう判断します。あなたが急に変わってしまったので、それに対応できないのです。ですから、元のあなたに引き戻そうとします。その状態がドリームキラーになってしまった状態です。

あなたが現状から飛び立とうとする時、あなたが成長する時、ドリームキラーは必ずあなたの目の前に現れます。これは必ずです！

ドリームキラーの影響が強くて夢を諦めてしまう人もいるでしょう。しかし、ドリームキラーが増えれば増えるほど、自分が成長している証拠だと考えて自信にしてください。ドリームキラーが現れたら、現状から脱皮している途中だと考えるのです。

蝶で言えば幼虫から「サナギ」になった状態です。皮を突き破り綺麗な羽を広げ飛び立つ準備をしているのです。あなたが大きく生まれ変わる途中、それがサナギの段階です。

月を目指したアポロ計画でも、できない理由を探すのは簡単です。いくらでも見つけることができます。しかし、できない理由を探しても意味がありません。実に非生産的です。

ドリームキラーばかりであれば、人類は未だに月へも行けていないわけです。
そんなドリームキラーがたった1つだけ生み出せるものがあります。

それは〝**後悔**〟という言葉です。

あの時やっぱりやっていればよかったという後悔です。「やっていれば自分の人生は違っていた」と後悔させるのです。
こういったドリームキラーの言うことは全て無視して大丈夫です。
その代わり、あなたの夢を後押ししてくれる人を探してください。不安だと思いますが必ず現れます。あなたの理解者が必ず現れます。夢を語ってなぜ悪いことがあるでしょう！　大いに語ってください！

そして気付かれた方もいると思いますが、もしあなたにお子様がいる場合、あなたが一番のドリームキラーになる可能性があります。もしかするとすでにドリームキラーになっているかもしれません。お子様の将来を心配するあまり、可能性を否定したり抑圧しないように注意してください。

〈第三章まとめ〉

- 「常識」に縛られていると視野が狭くなる
- コンフォートゾーンとは居心地のいい空間
- どんな環境でもコンフォートゾーンにすることができる
- ホメオスタシスという現状維持の門番が存在する
- 現状維持に「いい」も「悪い」もない
- 私たちが変わろうとしても変われない、長続きしないのはホメオスタシスが現状を維持することが原因
- 夢の場所は現状の外側の世界、チャレンジしよう！
- 人が変わる時、現状を突破する時には不安を感じる
- コンフォートゾーンを夢の場所に書き換えホメオスタシスを仲間にしよう！　とてつもないパワーを発揮する
- あなたが成長する時に必ずドリームキラーが現れる

第四章
気付くことすら出来ないことが沢山ある

◆「見る」と「観る」は似て非なるもの

漫画の中で出てきた3つ目のキーワードは〝スコトーマ〟です。

スコトーマとは「心理的盲点」という意味。見えているのに気付けない状態のことを指します。百聞は一見に如かず！　早速、このスコトーマを体験してもらいましょう。

今、あなたがいる場所から見える範囲の中で赤い物を3つ探してください。

赤色であればどんなものでも構いません。できるだけ早く赤色を3つ探してください。

スタートです！

いかがでしたか？　見つかりましたか？

赤色のモノはありましたよね。それでは青色のモノは幾つありましたか？

「え？　青色？」そう思った感覚が大切です。もう一度確認をしてみると、青色のモノも存在していると思います。これがスコトーマです。

一体どうしてこのようなことが起きるのか説明していきます。

スコトーマとは見えているのに見えていない状態だと話しました。実際に青色の物があったのに見えていませんでした。不思議だと思いませんか？

結論から話すと、**私たちの脳は同時に2つの世界を維持することはできません。そして、見たいものしか見ないのです。赤色と言われれば赤しか見ませんし、青色と言われれば青しか見ません。その他の色も見えてはいますが、認識しないのです。**

少し違う観点から説明します。

私たちが小学生の時に習った漢字「見る」と「観る」の違いです。「見る」という行為はただ漠然と眺めているだけです。目を開けているので見えているだけだと思ってください。見えてはいますが、私たちの脳にとってはあまり重要な情報ではありません。

しかし「観る」という行為は、意識して観ている。集中して観ている。気になって観ている。そういった状態です。私たちの脳にとっては重要な情報を得ようとしています。一眼レフのカメラであれば、その対象物にズームし、ピントを合わせている状態です。

ちなみに「聞く」と「聴く」も同じような意味があります。

「聞く」はただ聞こえているだけ。たとえ寝ていても何かしらの音は私たちの耳に入ってきます。しかし、ほとんどの音はまさしく右から入って左に抜けていくだけの状態です。

これに対して「聴く」は意識して聴いている状態。興味があり耳を傾けている状態です。

私たちの脳がその音に対して重要な情報だと認識し情報を欲している状態です。


先ほどの質問を思い出してください。

「赤い物を3つ探してください」ということだったので私たちの脳が「赤い物だけ」を観よう！　としました（「見る」ではなく「観る」です）。

青色をはじめ他の色も見えていましたが、認識しませんでした。


これはGoogleやYahoo!の検索ワードで調べる場合とほぼ同じです。

まず赤色が最優先の検索ワードで、それを3つというのがその次のワードです。

まず赤色とそれ以外の色に分けられ、その次に、その色を3つ、となります。

赤に近いピンクなどの色は脳の検索ワードに少しヒットしますが、赤色でないためスルーされてしまいます。しかし青色など全く違う色の場合は最初からスルーされていました。

■スコトーマの原理は3つ！

①人は自分にとって重要だと思う情報しか見ない。
②1つの情報に集中すると、他の情報が見えなくなってしまう。
③知識がないと見えていても見えない。

スコトーマは私たちが夢を叶えていく上で非常に邪魔なカラクリです。

同じシチュエーションで2人が同時に同じ物を見ているとしましょう。Aさんには見えています。しかしBさんは見えているのに気付くことができません。認識することができないのです。


こんなストーリーをご紹介します。

登場人物はAさんとBさんの2人だけです。

Aさんは今この本を読んでいる、「あなた」だと仮定します。そしてBさんは生後間もない赤ちゃんだとしましょう。そして2人は同じビルの10階にいます。

もし、そのビルが火事になったらどうなるでしょう？

Aさん、つまりあなたは、その火災から自分の身を守ろうとします。なぜなら火災は命の危険があると認識しているからです。さらに火災による死因の大半は火傷(やけど)ではなく煙が原因だと分かっています。火災から発生した煙には一酸化炭素が含まれているため、吸い込むのは危険だからです。その火や煙は上へ上へと燃え広がると理解しています。そういったことが全て分かっているあなたは、火災から逃げる場合、タオルやハンカチで口と鼻を塞ぎ、できる限り煙を吸い込まないようにしながら逃げればいいと理解しています。

しかしBさん、赤ちゃんの場合はどうでしょうか？　あなたと同じ火災を目にはしていますが、もちろん火災の恐ろしさを全く理解していません。もしかすると笑っているかもしれません。

これは極端な例ですが、先ほど話したスコトーマの原理①～③の全てがこのエピソードに入っています。

①「人は自分にとって重要だと思う情報しか見ない」

これは火災が重要な情報だと判断できない人もいることを指しています。

②「1つのことに集中すると、他の情報が見えなくなる」
火災を重要な情報だと判断したAさんは、火や煙だけを集中して見ます。火災に集中しながら、目の前にある本のタイトルが気になることはありません。

③「知識がないと見えていても見えない」
火災が重大な情報だと理解ができない、つまり「火」についての知識がなければ、見えていても見えていないのと同じです。これは原始人に携帯電話を渡しても理解できないのと同じです。このようなことは普段の生活の中にたくさん隠されています。

あなたが気付けないことを重要な情報だと認識できる人がいるということです。

◆暗闇にあかりを灯せ!

ゴール設定の大切さからはじまり、コンフォートゾーンとホメオスタシスの仕組みを学びました。そしてスコトーマによって認識すらできないものがあることを学んできました。
このパートでは、見えないものを見えるようにする秘密の訓練方法を話していきます。

夜中に目が覚めてトイレに行く場合、真っ暗な場所を歩くと、いろんな物につまずいて危険ですよね？　これは私たちが夢を叶える道のりでも同じことが言えます。暗くて何も見えない道を、明るく照らして進んだ方がより安全に進むことができます。

このパートはスコトーマという暗闇にあかりを灯す訓練をしていきます。

■スコトーマを外せ　ブートキャンプ①

ゴール設定には、２つの顔があると話しました。表の顔は、あなたの真のゴールを見つけること。そして裏の顔は、**あなたが持っているとてつもない才能や能力を目覚めさせ、その能力を劇的に高めるためです。**

ゴール設定はあらゆる側面で、私たちの能力をアップさせる力を持っています。

ゴールを設定すれば、その目標を達成するために様々な部分がパワーアップされていきます。眠っていた能力や才能が目覚めるのはもちろん、持っていなかった能力までを身につけるようになります。

そもそも、あなたが持っているとてつもない才能や能力にあなた自身が気付いていないとすれば、それはあなた自身が作り出したスコトーマが原因かもしれません。

スコトーマの原理①は「人は自分にとって重要だと思う情報しか見ない」です。

ゴールを設定するということは、今まで重要だと思っていなかった部分にスポットライトを当てることになります。つまり暗闇にあかりを灯す行為です。人は何も目標がない状態（ゴール設定をしない状態）が続くと、本来持っている能力や才能をセーブするようになります。安定した生活にあぐらをかいている状態、同じ毎日をただ続けていくと、スコトーマがより強固になり、私たちの能力や才能もより深い眠りに入ってしまうのです。

これはある意味で筋トレと同じです。目的意識を持って身体を鍛えると筋肉が発達していきますが、長期間の寝たきり生活が続くと全身の筋肉が衰えてしまいます。何の目標もなく、ただ同じ毎日を送り続けていることは、寝たきり生活と同じで能力や才能が衰弱していくのです。

ゴールが明確になるということは、ゴールにたどり着くまでの道のりが私たちの脳にとって重要な情報だと認識されるようになります。しかも、最も重要な情報に変わります。今まで重要ではなかった情報が、ゴールを設定したことにより認識されるようになるのです。これがスコトーマを外し、私たちが持っている能力や才能を目覚めさせます。

■スコトーマを外せ　ブートキャンプ②

ゴール設定を「身近なことや達成できそうなこと」に設定する人がいます。

少し努力すれば叶えられそうな夢です。たとえば、毎月3万円ずつ貯金して100万円貯めようとか、今年中に役職を1つ上げようとか、ダイエットで3キロ痩せようとか、普段の生活に密接に関わっていることをゴールに設定する人がいます。

ゴールを設定することは素晴らしいことですが、少し努力すれば達成できそうなゴールの設定は、あなたを不幸にする危険性があります。なぜなら、現状の延長線上にゴールを設定するということは、今あなたに見えている情報や世界にスポットライトを当てる行為だからです。スポットライトを当てれば、ますますスコトーマが強くなります。

たとえば、Aさんのゴール設定が、働いている会社の社長になることだとしましょう。

今、働いている会社の社長というのは「**現状の延長線上**」です。

社員数が何万人という巨大企業であってもそれは同じです。

理想的な現状はますます現状に自分を縛り付ける原因となります。

今、働いている会社の社長になるということは、現状の会社に焦点を絞る行為です。

会社の情報や出来事が、あなたにとっての最優先事項になります。つまり会社にスポットライトを当てるということは、ライトが当たっていない部分が強力なスコトーマとなり、見えなくなります。会社の枠組みでしか物事を考えられなくなる危険性があるのです。

それを解決するには「現状の外側」にゴールを設定しなければいけません。

しかも、現状では絶対に達成できない大きなゴールがベストです。

どうすればゴールを達成することができるのか？　まるで分からないくらいのゴールが理想的です。私の場合は、「世界の戦争と差別と飢餓をなくす」というゴールを掲げています。そうすることにより常に大きな広い視野で物事を俯瞰（ふかん）で観ることができるようになるのです。スポットライトから全体を照らすライトをイメージしてください。

確認の意味を込めて、サラリーマンAさんの話をもう少し具体的に話します。

サラリーマンAさんのゴール設定は、いま働いている会社の社長になることです。会社にスポットライトを当てると、まずサラリーマン以外のレールが見えなくなります。

サラリーマンといっても沢山の職業や、それ以外の世界があるのにサラリーマンの世界しか見えなくなります。つまり、サラリーマン以外の人生は考えられなくなるということです。間違って欲しくないことは、サラリーマンにゴールを設定するのがダメだということではありません。同じサラリーマンにゴールを設定する場合でも、年収1億円のサラリーマンになるといった現状の外側にゴールを設定すればいいのです。

目の前にニンジンを吊るされた馬が、それを食べようと走り続けるのが現状の延長線上にゴールを設定している状態です。目の前のニンジンというのは、身近なゴールや小さな目標です。目の前のことしか考えなくなる。これがダメな理由です。

しかし、視野を広げて観ると、目の前のニンジンの向こう側には広大なニンジン畑が必ず存在しているのです。目の前にある1本のニンジンを追いかけるあまり、広大なニンジン畑がスコトーマで見えなくなります。

目の前のことを一生懸命するのは、もちろん大切なことですが、目の前のことだけを見ていてはダメです。常に大きな視点を持って目の前のことを全力ですることがベストです。

大切なことなので、最後に簡単にまとめてみましょう。

現状の延長線上にゴールを設定すると、強力なスコトーマができる。設定するゴールは現状の延長線上ではなく、現状の外側に設定すること。現状では絶対に達成できないゴールを設定すればスコトーマが外れる。大きな視点で物事を観ながら、目の前の小さな目標に本気で取り組むことがベストです。

どうしたんだ?
またかよ? 放っとけって…
翔!
おじいさん どこまで行くんですか?
良かったら手伝いますよ

光谷
HIKARIDANI
ありがとうございます
お前さぁ そんなことやっても 実際どうなるって いうんだ?
分かってるよ でも困ってたみたい だったしさ
俺やっぱり 放ってはおけないよ
なぁ翔 いつまでこんなこと 続けるんだ?
いいだろ別に 俺は人助けをする 仕事がしたいんだよ
自分の事で 精一杯なのに?
正直あんなので 人助けには ならないだろ?
周りに寒い目で 見られる俺の 身にもなってくれよ

もっと現実を考えなきゃ駄目だろ？
すみません先生
あんな顔されたら放っとけないでしょ？大丈夫だった？
少しでも助けた人がよろこんでくれるならいいだろ！
いいじゃないか！
いつか政治家になってもっと多くの人を助けてやるんだ！
声上げてバカな事言うなよ！恥ずかしいだろ！
見ろよ！誰も見てないし！誰も聞いてない！
国民も政治家もみんな自分の事ばっか！
わかるだろ！だからこの国はおかしくなったんだよ！

ガヤ ガヤ
先生？
どうかしましたか？
面白い話を拾ってね
君ももっと興味のRASを広げてごらん
ガヤ ガヤ
面白い話って
この中でどうやって？
失礼 君は政治家を目指しているのかい？
だっ誰ですか あなたは？
この人は苫米地英人先生と言って認知科学の博士なんだ
ホラ 本もいっぱい出している人なんだよ
はじめまして苫米地といいます
今の子にしては珍しいと思ってね 興味が湧いたんだ
あの 変な勧誘ならいらないんですよ
そんな人が何の用ですか？

君は政治家になりたいみたいだけど
何かわからないことがあるのかい？
どんな悩みでも聞くよ？
こんなチャンスはないよ？
せっかくだから話してみなよ先生がアドバイスしてくれるよ
大学では法学部だったんですが
今はフリーターをやっています
毎日毎日勉強を続けて
でも・・・いくら勉強しても点はとれなくて
それでも勉強を続けて・・・
そんなことをしていたら疲れが溜まりすぎて・・・
勉強できなくなっちゃって

それで大学もやめたんです・・・
でも政治家になって人助けをしたい・・・
それでも自分でできることはしようと思って色々とやっていたんです
いい夢だけどコンフォートゾーンがフリーターにあるのが問題だね
コンフォートゾーン？
私も含めて全ての人が持っている居心地の良い空間や心理的状態の事だ
居心地の良い空間？何ですかそれ？
例えば3・11の大震災の時に何時間もかけて徒歩で帰宅した人達がいたよね？
その中には自分の家や部屋が安心する居心地の良い場所コンフォートゾーンだった人も多かったはずだ
非常事態から一刻も早く居心地の良い空間へ戻りたい
それが無理してでも家に帰ろうって心理となって働いたはずだからね

今までの君の居場所は全て自分の過去の経験からできている
君は政治家を現実離れしたゴールだと思ってないかい？
ゴールを決めたら絶対にそれをぶれさせてはダメだ
よりリアルにゴールに立った自分をイメージするんだ
その作用はゴムの伸び縮みに似ているんだよ
ゴール
今の自分の位置
ゴムを引っ張ると元に戻ろうと引き合うだろ？
ゴールが絶対に動かなければ自分がゴールへ向かうしかない
ゴール
ピタ
引っ張られる力が強ければ強いほど自身が成長するということだ
だからつい、多くの人はゴールをどんどん低くしてしまう

それに君のように過去を向いていては良くない
新しいチャンスや情報は過去からは来ないからね
ではこうやって例えてみよう君は今
川の真ん中で動けないでいるこれが「今」だ
今
過去←→未来
その時君は川の「どっち」を向いているかな?
大半の人は「過去」を向いている
今
過去の経験ほど強く残るからね
自分ができなかった経験を追ってしまう
今の場所から動けないのにだ!
Chance
Chance
情報
Chance

どんどんと離れていく過去の出来事は時にトラウマになる
すると余計に過去へ向いてしまうんだ
でもチャンスや新しい情報はどこから来るかな?
答えは未来だ
今
未来←→過去
Chance
情報
未来から流れてくるモノを過去の方向を見ながらキャッチできるかい?
運良く気がついてもそれは一瞬だ
逃がしたチャンスをいつまでも追いかけてはいけない
常に前向きに未来の方を向く事が大切だ

あとはRASが必要な情報を勝手に与えてくれる
RAS？
テレビと同じで私たちは見たい番組を自分で合わせるだろ？
テレビは色々な放送を受信しているけど見たくない番組をわざわざ見ない
私たちの脳も同じで実は見たいモノしか見ていないんだ
見ていても認識すらできない状況に陥ってしまう
それはRASが今すぐに必要な情報以外を遮断して見えなくさせているからなんだ
つまり今まさに君のRASは
政治家へと向いたということだ これでゴールに繋がる道へと導いてくれるようになるんだよ

RAS
例えばある男が車を買おうか迷っている
そんな時「RAS」が欲しい車の情報を自然に受信しようと働いてくれる
つまり脳の中で優先順位が高くなっているわけだ
更にRASの優れた所は見たいと思った瞬間に自動的にチャンネルを合わせてくれる所だ
ON
OFF
RAS
すると街を歩いていてもその車に気がついたりするようになる
時にはエンジンの音だけで近くを走っていることがわかるようになる
例えば生後間もない赤ちゃんのいる女性だとどうだろうか？
テレビもステレオもつけっぱなしで熟睡したとしても赤ちゃんが少しでも泣けば
一瞬で目が覚めてしまう
たとえば後ろで旦那がいびきをかいて寝ていたとしてもね

でもそんなことが僕にできるのでしょうか？
大切なことは目標を設定すること
それは現状から離れていればいるほどいい
人が何と言っても自分の未来のゴールを想像していくんだ
はじめは夢物語のような目標でも心配しなくていい
RASを上手く使うことで確実に目標に近づいていくことができる
常に最高の自分をイメージし強く思い描く
未来は君のイメージ通りにすることが可能だ

大切なのは人が何と言おうと気にしちゃダメだってことだ！
だって人は「今までの自分」しか知らないだろ？これからはこれからさ！
あっ はい 今向かいます
つい熱くなっちゃったね 君の将来を楽しみにしているよ
じゃあね がんばってね
あっありがとうございました…

わるいけど
今日は俺
先に帰るわ
なんだよ？
どうしたんだ？
寄る所があるの
思い出したんだ
また今度な

ただいま
おう翔 久しぶりだな 元気にしてたか?
おじさんに 挨拶くらい ちゃんとしなさい
なんだよそれ 漫画でも 買ってきたのか?
そんなんじゃ 無いよ
なんだこりゃ 政治家にでも 興味があるのか?
政治家のあ
著
いっいやぁ… なれたらいいなぁ なんてね
俺こういうの 全然知らないし 改めて勉強しよう なんてね…

バカなこと言ってんじゃないぞ翔
今のお前はただのフリーターだろ？現実を見なさい
自分の将来を真面目に考えなさい！
就職して自分の足場をしっかりと固めなきゃだめだろ？
人が何と言おうと気にしちゃダメだ だって人は「今までの自分」しか知らないんだからね
親父も心配して言ってくれているのはわかる・・・でも・・・
政治家でも何でもやりたきゃやってみればいいんだ！
俺だって今の会社を始めた時は周りに馬鹿にされたもんだ
社員も7人しかいなかったんだぜ？
それが今じゃ100人を超える大所帯までたどり着いたんだ

目標を決めたら やることは勝手に 見えてくるもんだ
未来のビジョンも ここにしっかり 入ってるしな
ゴールを決めたら それに必要な情報は 全てRASが 導いてくれる
大切なのは 目標となるゴールを しっかりとイメージ していくことだ
おじさんは 自覚していないけど それを自分で やってきたんだ…
それが 今のおじさんの 目標を作っているんだ
俺だって 本気で人を助けたいと 思っているんだ その気持ちは嘘じゃない
それならやっぱり 医療も福祉も全てできる 政治家がふさわしい

俺は政治家になって困っている人を助けたい
その意気だ！少年よ大志を抱け！
本気なら俺が議員に会わせてやるよ
あまりたきつけないでよ兄さん・・・
目標があるなんて素晴らしいじゃねぇか！
未来のゴールを定めればあとは自然に導かれる

どうやったら政治家になれるのか？
選挙のボランティアに参加する
街で演説をする候補者の公募に応募する
立候補するには・・・
自分の選挙政策をしっかりと持つこと
議員秘書になり勉強を重ねていく・・・その為には・・・
あれ？
あれからずっと政治のことやニュースばかり見てないか？
RASに導かれ必要な情報が入ってくるんだ

野々山耕助事務所
後援会幹事の石田です野々山先生に今日会う約束を・・・
これは石田様どうぞお入りください先生もお待ちです
おじさん本当に凄いんだね・・・
リラックスしろ一つ一つの出会いを大切にしているだけさ
これは石田さんお久しぶりですね
まぁどうぞ座ってください

今度の選挙のことで一つお願いがありましてね
こいつをボランティアに使ってやってくれませんかね？
ホラ！しっかりと自分で挨拶をしろ翔！
やっぱりこんなフリーターにはできっこない・・・
政治家のことだってまだほとんどわかってないのに・・・
自分でゴールを決めたら絶対にその目標を下げちゃダメだ
やってきたことはしっかりと自信をもつんだ
目標は絶対に下げるな！

俺！政治に興味があるんです！
俺に何か手伝わせてください！
若いのに凄く行動的だね
今の若者は実際に行動する人が少ないんだよ
君は見込みがある
ぜひとも手伝ってください

ありがとうございます！
頑張ります！
しっかりやれよ
翔！
うん！
野々山耕助

当選
本当に真面目に手伝ってくれてありがとう
もし君が良かったらうちの事務所で勉強してみないかい？
はっはい！ありがとうございます！
ゴールを定めれば必要なことが見えてくる

未来を
向かなきゃ
何もできない
あれから苦労の
連続だった
学びはじめて
8年・・・
時間が経つのは
早いもんだ
先生
お疲れさまです
こちらです
ありがとう
今行くよ
さあもっと先の
人助けへ行くか・・・

夢
本当に
行きたい場所
あなたの夢の場所は
現状の外側の世界にある!
ホメオスタシス
（現状維持）
KEEP OUT
KEEP OUT
KEEP OUT
KEEP OUT
KEEP OUT OUT
KEEP OUT
KEEP OUT
KEEP OUT OUT
KEEP OUT

第五章

二番目に大切なこと

◆自信を持つ方法

あなたが夢を叶えるまでに3つのステップがあると話してきました。

最初のステップがゴールを設定することです。

そして、ここからが、いよいよ2つ目のステップです。

この2つ目のステップが最も大切だと感じる人も多いはずです。


2つ目のステップは「自信を持つ」ことです。


よく「自分に自信がない！」と言う人がいますよね？

ここで「自分に自信がない人」のイメージを思い描いてみましょう。

一般的なイメージとしては、他人の目を必要以上に意識する、自分の意見をスグに変える、言いたいことがなかなか言えない、スグに落ち込む、なかなか行動ができない、すぐに諦めてしまう、こういった感じではないでしょうか？


ハッキリと言います！

これからあなたが本当に叶えたい夢を叶え、幸せな人生を送る上で、自分に自信がないということはデメリットでしかありません。「百害あって一利なし」だと思ってください。
「苫米地さん、そんな簡単に自信を持てたら誰も苦労しないよ！　本当に自信が持てる方法なんてあるの？」、そう言われる方も多いかもしれません。

まず自分に自信を持つことがどのくらい重要なことか話します。
たとえば、本当に叶えたい夢を見つけ、それをゴールに設定します。
しかし、自分に自信が持てない人はスグにその夢を諦めてしまいます。
少し失敗しただけで、落ち込んでしまうからです。
自分に自信がないので、何をやっても長続きしません。
せっかく叶えたい夢を見つけても、「自分には無理だ」と諦めるしかないのです。
この「自分には」という感覚が非常に危険なのです。
本当は叶えることができる夢なのに、自分に自信がないばかりに諦めてしまいます。
つまり、自分に自信がなければ、どんな夢も叶えることはできません。
まず行動することができない。行動してもすぐに諦めてしまうからです。

「自信がなくて困っています」という方は、どうか安心してください。確実に自信を持てる方法を話します。このパートでは自分に自信を持つ方法について具体的に話していきます。すでに自信があるという方は、このパートを読んでさらに自信をつけてください。

非常に大切なパートなので、基本的なことから説明していきます。

自分に自信がある状態を私は「エフィカシーが高い」状態と呼んでいます。

エフィカシーが高い状態は、自分に自信がある。

エフィカシーが低い状態は、自分に自信がない。

「エフィカシー」とは自分の能力の自己評価です。自分で自分の能力をどう評価しているかということです。自分で自分のことをどのように思っているかという意味です。

つまり、自信を持つためには自分で自分の評価を上げればいいのです。

エフィカシーを上げることができれば、誰でも自信を持つことができます。

自信を持つ方法にもステップがあります。順を追って話していきます。

■ステップ①人生の基礎工事

ステップ①は自信を持つための基盤作りです。何事も基礎が重要です。決して疎か（おろそか）にしないでください。大きな夢を叶えることは、ある意味で高層ビルを建築することと同じです。ビルが完成するまでを想像してみましょう。まず建築することを決め設計図を書き、基礎工事からはじめます。ゴール設定がビルを完成させることであり、設計図は手段や方法です。

そして、建築するビルが大きければ大きいほど、地中深くまでしっかりと基礎工事を行わなければなりません。基礎工事をしなければ安定性がなく地震があればスグに倒壊してしまいます。

私たちが叶える夢も同じです。大きな夢であればあるほど基礎工事をしっかりとします。沼地に大きなビルは建築できないのと同じです。

まずは地盤をより強固にするために、ネガティブマインドを排除します。ネガティブマインドは沼地と同じです。沼地の上に立派なビルを建てることはできません。ネガティブマインドは、あなたの「やる気」を主食にし、それを栄養源にして成長します。やる気がなくなると、ますます行動することができなくなります。その状態が続くと億劫（おっくう）になり、自信も失ってしまいます。

まず「今」できることとして、過去のトラウマを消すことからはじめてみましょう。

すでに出来上がっている沼地を埋め立てるのです。

まず過去にこだわることをやめましょう。極端に過去にこだわっていては前進できません。時が過去で止まった状態です。過去は二度と戻ってきません。未来から過去に向かって流れる時間という名の川があり、過去の出来事はその川に浮かんだリンゴと同じで、どんどん遠ざかっていくだけです。私たちは時間という川を下ることも上ることもできません。過去へも未来へも行けません。今、この瞬間を生きていくしかないのです。

まずは、いくら追いかけても追いつけない過去の嫌な思い出は忘れる努力をしてください。追いつけないどころかますます離れていくだけです。過ぎ去ったリンゴを追いかけてはいけません。

新しく流れてくるリンゴを探しましょう。マインドを変えるのです。リンゴは過去の出来事ではなく、未来から流れてくるチャンスというリンゴに置き換えてください。同じリンゴでも見方を変えれば全く違ってきます。必ず新しいチャンスはやってきます。過去ではなく未来の方を向いてください。チャンスは未来からしか流れてきません。過去は振り返らず前を向いて、今できることを一生懸命やりましょう。それがあなたの地盤を固め、自信と夢と幸せを引き寄せてくれます。

■ステップ② 小さな変化が大きな変化をもたらす

ステップ①では、「自信を持つためにネガティブマインドを追い出して地盤を固めましょう」という話をしました。

このステップ②から、自信を持つための具体的な行動をしていきます。

その行動とは「小さなことから変えてみる」ということです。

「苫米地さん！　小さなことじゃなくて大きなことの間違いじゃないの？」そんな質問が飛んできそうですが、実は小さなことからはじめることが秘策です。

自信がない人ほど、より小さなことからはじめてください。

早く自信を持ちたいばかりに大きな目標を掲げると失敗します。思い出してください。コンフォートゾーンのパートで話した通り、人は変化を恐れる生き物です。そしてホメオスタシスが現状維持の門番として、常にあなたを見張っています。

ホメオスタシスは「自信がないあなた」から「自信があるあなた」へ変わってほしくありません。これまで話してきた通り現状維持ではないからです。現状維持に「いい」も

「悪い」もありません。

つまり、現状のコンフォートゾーンを急激に変えようとすると、ホメオスタシスに反撃され、返り討ちにされます。それほどまでにホメオスタシスの力は強力なのです。

そもそも、ホメオスタシスはあなたの分身でもあるので、あなたの弱点を誰よりも把握しています。どうすればあなたが諦めるかを完全に理解しています。

ホメオスタシスに気付かれないように、まずは小さなことから変えてください。

小さな目標であれば、現状維持の範囲内なので、ホメオスタシスに気付かれることはありません。コンフォートゾーンはあなたの部屋のような存在だと話しました。そして、その部屋の管理人がホメオスタシスです。あなたが管理人の許可なく部屋の模様替えを行うと、管理人であるホメオスタシスに気付かれ元の場所に戻らされてしまいます。

ですから、毎日少しずつ模様を変えていくことが大切です。

１００人いれば１００人とも夢やゴールは違うのでイメージで話します。

最初はゴールに向かってできる限り小さな歩幅で歩き出してください。ゴールというのは夢です。夢を叶えるための行動はできるだけ小さなものからはじめる。そして小さな歩幅に慣れてくれば、それより少しだけ大きな歩幅で歩いていくのが理想的です。

イメージとしてはゆっくり歩くことからはじめ、徐々にスピードを上げていき、最終的には全力で走る感じです。小さなことから徐々に身体を慣らしていけば、あなたのコンフォートゾーンも徐々に書き換えられていきます。コンフォートゾーンが書き換われば、ホメオスタシスに押さえつけられることもありません。

新幹線でも最初の出だしは非常にゆっくりです。そして徐々にスピードを上げていき最終的には３００キロというスピードが出ます。いきなりトップスピードを目指してはいけません。

■ステップ③　とんでもない秘密の応用

これまで話してきた通り、ホメオスタシスは私たちを現状に縛り付ける強敵です。

先ほど、自信を持つために「小さなことからはじめてください」と話しました。徐々に身体を慣らし、最終的には全力で走る状態に持っていけばよいのです。全力で走っている状態というのは、あなたが「やる気」に満ち溢れている状態です。夢に向かって全力で走っている状態であり自信満々の状態、エフィカシーが高い状態です。

いきなり全力で走ろうとすればホメオスタシスに足を引っ張られるということは理解できたと思います。変わりたくても変われない状態です。

そんなあなたに1つ質問です。ホメオスタシスは現状維持の門番だと話しました。

変わりたいあなたを押さえつけている強敵です。

それでは、全力で走っている状態がコンフォートゾーンになればホメオスタシスはどうすると思いますか？

あなた「え～っと、コンフォートゾーンを守り現状維持をさせることがホメオスタシスの役割だから…」

そうです！　お伝えしたいことが分かりましたか？

非常に大切なことを話しますので、よく聞いてください。

今までは変わろう！　チャレンジしよう！　とすればホメオスタシスに足を引っ張られてきました。走りたくても走り出せない状態です。ホメオスタシスが足を引っ張って放し

てくれないからです。しかし、走っている状態がコンフォートゾーンになれば、今度は歩くことができなくなります。常に前向きにパワフルに行動している状態です。止まりたくても止まることができません。ホメオスタシスが、私たちの手を引っ張って走ることをサポートしてくれるからです。つまり、走っている状態を現状維持させます。

これまでは、私たちを現状維持という見えない鎖に縛り付け、圧倒的な力で押さえつけてきたエネルギーが、今度はバックアップするプラスのエネルギーに転換されます。

分かりやすく具体的に話すと、イチロー選手が小学生の時から毎日、何千回も素振りしているのと同じ状態です。

他人から見れば「とてつもないモチベーション」だと思われることが当たり前になっている状態。言い換えればスーパーマンのような状態です。普通の人ができないことを平然とやってのける、それがホメオスタシスを味方につけた状態です。

とんでもない行動力やパワー、今までは思いもつかなかった発想まで次々と生み出すようになります。スーパーマンのような状態とは、普通の人にはできないようなことに次々とパワフルにチャレンジする人のことです。

あなたも一度はこんなことを思ったことがありませんか？

「あの人はいつ寝ているんだろう？」

大企業の社長や有名人、スポーツ選手など、あなたから見て「いつ寝ているの？」と思うくらいパワフルで自信満々な人は、ホメオスタシスが強力にバックアップしている状態にあります。社会的ステータスが高い人や何か大きなことを成し遂げる人は、間違いなくこのホメオスタシスを味方につけています。それほどのパワーを秘めているのです。

そして、大切なことは、それは他人事（ひとごと）ではないということ！

あなたもホメオスタシスを味方につけてスーパーマン状態になれます。必ずです。

あなたは光り輝く原石であることを忘れないでください。

エフィカシーを高く、より高くしていきましょう。

自信に満ち溢れ、光り輝く笑顔の人になりましょう。

あなたが理想とするあなたになれるのです！

次のページからエフィカシーが持つ、さらにとんでもない秘密を暴露していきます。

◆エフィカシーは全てに影響する

ここまでたくさんの秘密を暴露してきました。特にこのパート、これから話す内容は全て大きな文字、全て太字で書きたいほど重要な話です。これから話すことが理解できれば必ずあなたの人生が大きく変わります。全て大文字、全て赤文字のパートだと思って本気で聞いてください。

「根拠のない自信」という言葉があります。根拠のない自信とは他人から見てという前提が付きます。根拠のない自信を持っている人は、元々のエフィカシーが高い人です。まだ何も結果を生み出していないのに、自分で自分の能力を高く評価している状態です。たとえばロック歌手の矢沢永吉さんは実績も何もなかった学生時代から「自分はスーパースターになる人間だ！」「自分こそスーパースターに相応（ふさわ）しい人間だ！」と思っていたそうです。非常にエフィカシーが高い人、まさしく他人から見れば根拠のない自信があったということです（矢沢永吉さんの自伝『成りあがり』より）。

実は、はじめに話したルフィやイチロー選手も全く同じです。ルフィは「自分は海賊王に相応しい人間だ！」と思っています。イチロー選手も、小学生の頃から「自分はプロ野球選手として成功する人間だ！」と思っていました。

またソフトバンクの孫社長は学生時代から、30代には最低1000億円のビジネスをすると周囲に話していたそうです。これも根拠のない自信です。

日本を代表する漫画の主人公から、日本を代表するロック歌手やスポーツ選手、そして実業家まで全員が元々、根拠のない自信を持っていたということです。つまり、元々、エフィカシーの高い人たちです。何か大きな結果を出す前から、自分こそ大きな結果を出すに相応しい人間だと思っていたということです。まずはこの事実を噛み締めてください。


それでは「自分はロックスターに相応しい人間だ」と思っていた学生時代の矢沢さんの行動を想像してみましょう。まず間違いなく積極的に行動を起こします。次々と作曲し、練習も人一倍するでしょう。常にロックスターに相応しい最高の自分を想像し、その理想の自分に近づこうと前向きに行動します。それは誰にも見られていない自宅にいる時でも変わりません。歩き方から話し方まで全てロックスターに相応しくなっていきます。

理想の自分に足りない部分を補うことはもちろん、自分の才能や能力を目覚めさせ劇的に高めていきます。これがエフィカシーが持つ圧倒的な力です。ほんの些細な思考から大きな行動に至るまで、エフィカシーは全てに影響を及ぼします。全てにです！

そして大切なことは、あなたもエフィカシーを高め人生を激変させることができるということです。

「私は何もできない人間だ！」というエフィカシーであれば、それが全てに影響します。何かにチャレンジする時でも「はじめから私には無理」と心のどこかで思って行動をします。そして、そのマインドに従い、結局は失敗に終わるのです。

それとは逆に「私は素晴らしい可能性を秘めた人間だ！」というエフィカシーであれば、それが全てに影響します。何かにチャレンジする場合には「私は素晴らしい結果を出せる」というマインドで行動をします。そして、実際に素晴らしい結果を残すのです。

これは能力の違いではなくエフィカシーの違いです。ここを勘違いしないでください。

ここまで話してきた通り、私たちは子どもの頃から否定され続け、徹底的にエフィカシーを下げられてきました。そして、ほとんどの人はその下げられたエフィカシーに従って考え行動しているのです。非常に残念な現状です。

あなたは磨けば光る原石です。あなたは、あなた自身が考えている以上に素晴らしい力を秘めています。決して自分自身のことを低く見なさないでください。あなたは、とてつもない可能性を秘めているのです。

ここで、あなたがどれほどエフィカシーを下げて行動してきたかを理解してもらいます。

まず、あなたが学生時代にやっていたアルバイトを思い出してください。どんなアルバイトでも構いません。その頃のあなたは、どのような考え方で仕事をしていましたか？

「私はアルバイトだからこれくらいの働きでいい」という甘えはありませんでしたか？

「私は学生だから社員さんほど働かなくていい」と考えていませんでしたか？

仕事に対する責任感も「アルバイトだから」という理由で、低くありませんでしたか？

「私は新人だから」という甘えはありませんでしたか？

いかがでしょうか？

つまりそのようなマインドは、本当はもっと働くことができるのに、自分の力を自分でセーブしていた状態です。アルバイトだから、学生だから、新人だからという理由をつけて、積極的に仕事をしません。「私はただのアルバイト」というのも1つのエフィカシーです。

エフィカシーは全てに影響すると言いました。「私はただのアルバイト」というエフィカシーで働いていれば、時給に見合った仕事しかしません。自分の能力を引き出し高めようとも考えません。自分は学生だからとか、アルバイトだからというマインドで常に仕事をします。つまり、それがエフィカシーが持つ力です。

ここで本当に重大な問いかけを〝あなた〟にします。

「私はただのアルバイト」というエフィカシーで働いていれば、本来の力をセーブして働き続けます。力をセーブしていること自体にも気付きません。しかし、それはアルバイトをしている時だけの話です。アルバイトの時間だけ力をセーブします。

それでは「私は**ごく普通の人**」というエフィカシーだといかがでしょうか？

「私はただのアルバイト」というエフィカシーの場合は、アルバイトをしている時だけ力をセーブします。しかし、今回は「私は**ごく普通の人**」というエフィカシーです。

いかがでしょうか？

その答えは非常に恐ろしいモノです。お分かりになるでしょうか？

その答えは、「**常に能力を制限して生活する**」です。

自分はこれといった才能や能力もない、ごく普通の人間だというエフィカシーであれば、それが全てに影響するのです。エフィカシーが持つ、とんでもない影響力です。

ほとんどの人が徹底的にエフィカシーを下げられていますから、自分の才能や能力を制限したまま生活しているのです。実に恐ろしく、そして悲しい現実だと思います。

それとは逆に「30代で最低1000億円のビジネスをする!」と本気で考えていた、ソフトバンクの孫社長が学生時代にあなたと同じアルバイトをしていたら、どのような姿勢で働いていたと思いますか?

それは間違いなく全力で働きます。アルバイトだからとか、新人だからとか、社員だからとか、時給はいくらだからとかは関係ありません。

「自分は30代で1000億のビジネスをする人間だ!」という高いエフィカシーを持っている人であれば、自分の能力を出し惜しみしません。常に全力です。力をセーブするどころか、自分の能力をさらに高めることだけを考え行動します。もう一度だけ言います。

これは能力の違いではなくエフィカシーが持つ圧倒的なパワーの話です。

実際に多くの人が見たであろうエフィカシーの話を最後にします。

サッカーの2014ワールドカップアジア最終予選、対オーストラリア戦で本田圭佑選手がPKを決めたシーンを思い出してください。日本代表のワールドカップ出場が決まる非常に重要なシーンです。普通の選手であれば、プレッシャーに押しつぶされるようなシーンで、本田選手は「俺が蹴るんだ!」と言わんばかりにボールを掴んだまま離しませんでした。

そして、緊張感溢れるその状況の中で、なんとゴールのド真ん中にシュートを決めたのです。この劇的なシーンをエフィカシーの観点から説明しましょう。

まずボールを掴んだまま離さなかったのは、「俺が日本代表のエースだ」というエフィカシーの表れです。「俺がゴールを決めるに相応しい」という非常に高いエフィカシーです。

先ほどの「私はただのアルバイト」というエフィカシーと全く違うことが分かります。

それを裏付けるように、本田選手の小学校の卒業文集には「将来、必ず世界一のサッカー選手になる！」と書いていました。つまり、あのPKの裏側には本田選手が小学生の頃から思い描いていた、プロで活躍する自分の姿があったということです。

「世界一のサッカー選手になる」というエフィカシーだったからこそ、ボールを離さず、さらにド真ん中にゴールを決めたといっても過言ではありません。

そんな本田選手のことをメディアでは強心臓などと報道していましたが、あのようなシーンでは技術力より精神力がより大切になります。いくら能力があったとしても、プレッシャーに負けて、持っている能力を発揮できない可能性が高くなるからです。

エフィカシーは全てに影響すると言いました。エフィカシーが低ければ、ゴールを決めるイメージよりも外すイメージが強くなります。

その強力な精神力を生み出しているのもエフィカシーだということです。

◆あなたのエフィカシーを高めよう！

エフィカシーを高めれば自信を持つことができるだけでなく、無限の可能性が私たちに与えられます。ここからは、あなた自身のエフィカシーを知りましょう！

大切なことは、あなたのエフィカシーを高くすることです。

まずは次の質問に答えてください。

Q．あなたは任されていた仕事で大きな失敗をしました。とても重大な失敗です。その時にあなたが持つであろう感情に最も近いと思う番号を選んでください。

①こんな失敗は私らしくない！　次は間違いなく大成功だ！
②私もたまには失敗する。次は失敗しないようにしよう。
③できないと思っていた。確認不足。いろいろな人に迷惑をかけてしまった。
④また失敗してしまった。元々、私には無理だった。
⑤やっぱり自分はダメな人間だ。

採点方法は至ってシンプルです。①番が最もよく、⑤番が最も危険な状態です。

失敗したことに対してどう思うか？　それはあなたが自分自身に対してつけている評価であり点数です。低評価をつけ続けるとエフィカシーが低くなり、何事に対しても自信が持てなくなります。つまり、自分の限界を自分自身で押し下げてしまうのです。

まず⑤番のような評価をつけている人は非常に危険です。エフィカシーが極端に低くなると引きこもりや鬱病（うつびょう）などになります。つまり自信喪失状態です。自己評価が低すぎるため、何事に対しても億劫になってしまいます。普通の人なら何とも思わないような小さな失敗でも、エフィカシーの低い人にとってはとても大きなことだと感じます。「やっぱり自分はダメ人間だ！」「何をやってもダメだ！」と落ち込みます。

極端なことを言えば道路を渡ろうとした時、目の前の信号が赤になっただけで「やっぱり私はついていない！、神様が行くなと言ってる」などと思ってしまうのです。

赤信号になっただけで落ち込むような人が、何か素晴らしい結果を残せるでしょうか？

また先ほどのテストで③〜④番の人に多いケースを話すと、何か新しいことにチャレンジする場合でも、チャレンジをする前から「多分、自分にはできないと思うけど、一応やってみよう！」という気持ちで取り組みます。

ここで注目してほしいことは「失敗することが前提」になっているということです。

そして、実際に失敗すると「やはり自分にはできなかった」と自分自身を納得させ諦めてしまいます。この「やはり自分には」という小さな感情が危険なのです。どんなに能力がある人でも失敗をしないなんてことはありません。そもそも、失敗した後に自分がどう思うかは自分次第です。

「自分はダメ人間だ！」という評価を与えるのか？　それとも「自分らしくない失敗だ！」という評価を与えるのか？　その評価の違いが積み重なり圧倒的な差になります。

ここで考えてほしいことは「あなた」が「あなた自身」に与えている評価は、あまりにも自然な流れのため、それが当たり前になっているということです。つまり意識することがないのです。まずは、あなた自身がどのような評価を自分自身に与えているのかを意識するようにしてください。大きな失敗、小さな失敗、何か行動をする時など、常に意識をして高い評価を自分自身に与えてください。

それを続けることにより、あなたのエフィカシーは格段に高くなっていきます。

エフィカシーは自分で自分の能力を決めているのですから、必ず変えることができます。

２００５年世界ゴルフ選手権大会、最終日での出来事です。タイガー・ウッズ選手がライバルのジョン・デイリー選手とトップ争いを続け、延長サドンデスとなりました。

そして迎えた運命のホール、距離1メートルのパットをジョン・デイリー選手が外せばウッズ選手の優勝が決定するというシーンです。普通の選手なら「外してほしい」と願う場面で、ウッズ選手は「入れ！」と願ったそうです。

結局、デイリー選手がパットを外しウッズ選手が優勝したのですが、デイリー選手がパットを外した瞬間、ウッズ選手は残念そうな顔を浮かべました。

その理由は「外せ！」と願うことは、自分のエフィカシーを下げることであり、次のプレーへのコンフォートゾーンが下がるからです。ウッズ選手の場合、常に最高の自分、最高のプレーが自分の中で描かれています。

常に最高の自分をイメージすれば、コンフォートゾーンが書き換わり、エフィカシーも高くなっていきます。今まで意識していなかった毎日のほんの小さな思考や判断が「**常に**」最高の自分を意識することにより大きな変化をもたらします。大きな変化は小さな変化の積み重ねです。

あなたも「**常に**」最高の自分をイメージしてください。そして悩んだ時は「最高の自分ならどう判断するか？」と問いかけるようにしましょう。

◆二番目に大切なこと

エフィカシーを高め自信を持つことが、どれだけ大きな意味を持っているか分かってきたと思います。ここで間違ってほしくないことをハッキリさせておきます。

たとえば、素晴らしい結果を残してきた自信満々の社長がいます。声も大きく受け答えもハキハキしていて、とても自信満々な様子です。多くの人は、そのような自信たっぷりの人と出会った場合「あの人は素晴らしい結果を残してきた人だから自信があるんだな」と思います。つまり、素晴らしい結果が先にあり、後から自信を持つことができた。結果を出した人だから自信があると考えがちです。しかし、本当は自信が先で、結果が後です。

つまり先に高いエフィカシーがあれば、後から素晴らしい結果がついてきます。

多くの人はここを勘違いしています。もちろん、自信のある人が結果を出すことにより、ますます自信を高めることは当然です。しかし、多くの人が実際に勇気ある行動に移せないのは、結果を待っているからです。行動に移すきっかけが欲しいのです。

つまり、行動に移せないということは自分に自信がないことの裏返しです。自信がない人は様々な言い訳をして、行動に移せない自分を正当化させています。


今は、タイミングが悪い。

今は、お金がない。

今は、人脈がない。

今は、知識がない。

今は、実績がない。

これらは全て勘違いです。本当の理由は別にあります。


「今は、自信がない！」


これが行動できない原因であり、本当にフォーカスしなければならない課題です。

自信があれば行動を起こします。タイミングやお金や人脈なんて関係ありません。

「自分こそ社長に相応しい」「自分こそビッグスターになれる」「自分こそ世界を舞台に

活躍できる人間だ！」というイメージが先にあるから実際に行動に移すのです。そして素晴らしい結果を生み出します。ゴールは1つ、手段や方法は無限にあると話しました。手段や方法とは実際に行動を起こすということです。

まずはエフィカシーを高め自信を持つことが先、その後に結果です。

決して結果が先ではありません。本当にフォーカスしなければならないことは、エフィカシーを高めることです。自分に自信を持つことです。

お金や人脈やタイミングや知識ではなく「自信」を持つことにフォーカスしてください。

ここまで話してきた通り、エフィカシーを高めれば自信を持つことができます。エフィカシーを高めるために、あなた自身のことを認めることからはじめてください。自分自身を卑下するのではなく、素晴らしい可能性を秘めた人間だと認めてあげましょう。あなたが理想とする最高の自分をイメージするのです。どうしても、最高の自分がイメージできない場合は、理想とする有名人や社長などを見つけてください。その理想の人に自分自身もなることができるというエフィカシーを与えるのです。先に高いイメージがあれば、必ず結果がついてきます。あなたに素晴らしい気づきを与えてくれるメンターはあなたの人生を豊かにしてくれます。あなたをいい方向に導いてくれるのです。

人は他人から影響を受け成長していきます。全て1人でするよりも時間的にも効果があります。まずはあなたが理想とするメンターを見つけ、その人を目指してください。あなたに素晴らしい気付きを与えてくれるメンターは何人いても構いません。

また環境を思いっきり変えてみることも効果的です。あなたが理想とするコミュニティや環境に飛び込んでみましょう。周りの環境が変われば、あなたのエフィカシーも変わります。エフィカシーの高い集団の中に入れば、あなたもいい影響を受けエフィカシーが高くなっていきます。私の場合で言えば、「ドクター苫米地ワークス」という非常にエフィカシーの高い人ばかりが集まるクラスがあります。ほとんど募集もしていないクラスですが、日本各地からたくさんの方が参加しています。

大切なことは、「自分を変えたい！」「夢を叶えたい！」という強い気持ちです。

そして、さらに大切なことは、「必ず自分にもできる」という気持ちを忘れないようにすることです。職場でも「責任者」という肩書がつくことで急に責任感が強くなるように、あなた自身で「私はできる！」といったプラスの肩書をつけてください。

もし、あなたが「私には無理だ！」というのであれば、私は必ずできると言います。なぜなら、私たちが子どもの頃は、全員がエフィカシーの高い人だったからです。元々、持っていたモノを取り戻すだけです。あなたは素晴らしい可能性を秘めた人なのです。

〈第五章まとめ〉

- 自信がなければ行動ができない
行動をしても、すぐに諦めてしまう
- 自信を持つためにはエフィカシーを上げること
- エフィカシーとは自分の能力の自己評価
自分で自分をどんな人間だと思っているか
- エフィカシーを上げるには、まずは小さなことからチャレンジ
する
- 失敗をしても「自分には相応しくない」と思うようにする
- 常に最高の自分をイメージする
- 夢を叶えるためには、お金や環境やタイミング、人脈よりも
自信を持つことが重要
- イメージが先、結果が後。自信が先、成功が後

第六章
人生のアンテナ

◆RAS(ラス)という便利なアンテナ

マンガの中に出てきたRAS（ラス）の説明です。

ゴールを設定した直後、このRASというアンテナが一瞬で建設されます。しかもゴールがある方向に自動で角度まで合わせて素晴らしい情報を次々と受信してくれるようになります。建設費は0円、もちろんタダです。RASを建設しない手はありません。

このRASが本当にすごいのはゴールへ向かうために必要な物を教えてくれたり、ゴールまでの行程や必要なモノなどゴールにたどり着くまでの情報を自動で次々と検索してくれるところです。今まで全く気付いていなかった情報まで、自動で取り寄せてくれるのです。

もし富士山の山頂をゴールに設定すると、一瞬で富士山がある方角にRASが建設されます。そして、富士山を登るためのルートや天候、安全に登れるシーズンや適切な服装、準備するものまで全てリストアップしてくれます。

さらに、富士山周辺の情報などゴールに関連する二次的情報までも次々と収集してくれます。街中を歩いていてもアウトドアショップが急に目に留まったりと富士山に関するあらゆる情報が次々に飛び込んできます。

このRASはなにも特殊なモノではありません。

あなたにも、こういった経験がありませんか?

★欲しいと思っているブランドのバッグや車などが街中でやたらと目についた。
★雑音が入り乱れている場所でも、自分の好きな音楽が流れるとスグに気が付いた。
★多くの人が行き交う場所で、好きな人、気になっている人を偶然見つけた。
★考えていたアイデアがある瞬間閃いたことがある。

これらは全てRASというアンテナが引き起こしている現象です。

気付かれた方もいるかもしれませんが「引き寄せの法則」というものは、このRASのシステムの1つの説明法です。

知らない方のために「引き寄せの法則」を少しだけ説明すると、自分の「思考」や「感情」には常に「引き寄せの法則」が働いていて、磁石のように似たものが引き寄せられるというものです。

全世界で2000万部を売り上げた『ザ・シークレット』などRASについて書かれた書籍が大ベストセラーになるほど、このアンテナが持つ力は素晴らしいものがあります。

■RASの仕組み

私たちがGoogleやYahoo!などで検索する時を思い出してください。

興味があるレストランの口コミ情報を調べてみたり、行きたい場所を調べてみたり、電車の乗り換え情報など、毎日いろいろなことを検索しています。どうしてそのような検索をするかと言えば、私たちの脳が知りたいと思っているからです。

興味がないことをわざわざ検索する人はいません。つまり検索する「ワード」は私たちの脳が重要な情報だと判断しているものなのです。

Googleがインターネット上の検索サイトであるのに対し、RASは私たちの検索サイトです。つまり「脳」という、とてつもないスーパーコンピューターを有効に活用する検索サイトだと考えてください。

GoogleやYahoo!がネット上にある情報しか導き出すことができないのに対して、私たちの脳は実際に手に触れて確認したり、無から有を生み出すなどパソコンや携帯では絶対にできない情報まで導き出してくれます。

つまり、RASとは（脳＝Brain）という、とてつもないスーパーコンピューターを活用するために非常に有効な役割を果たしてくれます。

一度、脳に検索ワードを投げかけると24時間365日休まずに答えを導いてくれるようになります。

これは極論ですが、もし神が自分に似せて人間を造ったのであれば、人間は自分に似せてパソコンを作ったとも言えます。

今回の漫画の主人公のように「政治家になること」をゴールに設定すると、それが最優先の検索ワードになります。常にどうすれば政治家になれるかを検索してくれます。24時間365日、重要な情報として答えを導き出してくれるようになるのです。

これがゴールを設定している人とゴールを設定していない人の差をさらに広げる要因にもなります。RASは無料で幾つでも作ることができます。しかも一瞬で作れるのですから、建設しない手はありません。ゴールを明確にすること、そして目標を高く掲げれば掲げるほどこのRASはさらに様々な情報を自動で検索してくれるようになります。

RASの弱点

これまでRASは私たちにとって素晴らしいアンテナ、検索サイトであると話してきました。しかし、アンテナがフィルターになることもあります。これがＲＡＳの唯一の弱点です。フィルターとは不要なものを通過させない濾過器（ろかき）のことです。

ＲＡＳは私たちに必要な情報を自動で受信してくれるアンテナだと話してきました。

ＲＡＳの弱点をテレビアンテナに例えて説明します。テレビのアンテナは、ＮＨＫや各民放の放送を受信しています。しかし、私たちはその中から見たい番組だけを見ています。アンテナ自体は同時に複数の番組を受信していますが、私たちは見たい番組、好みの番組しか見ません。

仮にバラエティー番組しか見ないのであれば、その他のニュース番組やドキュメンタリー、音楽番組などの内容は分かりません。自分が見たい番組を1つの情報と置き換えた場合、その情報は私たちにとって重要な情報であると判断しています。同じ時刻にその他の番組も放送されていますが、興味がないので見ないわけです。

実はＲＡＳもこのテレビ番組と同じことが言えます。**私たちにとって重要だと思う情報を受信してくれるということは、重要だと思うそれ以外の情報をフィルターにかけ遮断しているということです。つまりＲＡＳがスコトーマを作り出すことがあるのです。**

好きなテレビ番組を集中して見ていると、その裏番組のことは分からないのと同じです。

同時に何チャンネルも受信しているのに自分の好きな番組以外は見ません。

これはスコトーマの章で話した、人は自分にとって重要だと思う情報しか見ない。

1つの情報に集中しすぎると、他の情報が見えなくなってしまう、という理論が適用されます。

私たちにとってＲＡＳは非常に便利なアンテナですが、それが時にスコトーマを作り出すことがあるのです。

■理想的なRASの活用方法

それでは、スコトーマを作らずにＲＡＳを活用する方法を話していきます。

それはゴール設定とスコトーマの章で話した、現状ではとても達成できそうにない場所にゴールを設置することです。

ちなみに私のゴール設定は「世界から戦争と差別と飢餓をなくすこと」です。

私は、このプロジェクトの一環として、これまでに様々なチャレンジを続けてきました。

そして、世界の飢餓をなくすプロジェクトを各国のリーダーたちに提案してきたのが、ようやく具体化しはじめ、２０１２年10月1日に一般財団法人苫米地国際食料支援機構を設立しました。

プロジェクト内容を簡単に説明すると、全世界で12億人が飢餓状態にあるという事実を厳しく受け止め、各国に土地を提供してもらい、そこに、財団が資金とノウハウを提供して現地で雇用を創出した上で、作物を飢餓の地域に送るという方式をとっています。私にとってのゴールをお話ししたのは、私も現状では絶対に達成できない場所にゴールを設置しているということを知ってほしかったからです。

話を戻すと、ゴール設定は現状では絶対に達成できないことにすること。そうすることにより、常に幅広い情報を得ることができます。

そして、ゴール設定をした後で最も大切なことは、絶対にゴールを下げないということです。ゴールが絶対に動かないのであれば、今の自分がゴールに近づくしかありません。ゴールが遠ければ遠いほど、ゴムの作用が力強く働くので、あなたをものすごいスピードで引き上げてくれます。

この後は、いよいよ最後の漫画。そして夢を叶える最後のステップです。
これまで話してきた夢を叶えるステップを簡単におさらいしておきましょう。
夢を叶える最初のステップはゴールを設定すること。
そして、ステップ2はエフィカシーを高くして自信を持つことでした。
ステップ3を想像しながら、まずは漫画を読んでください。

失礼します
石神です よろしくお願いします
サラリーマンの方ですね よろしくお願いします
さっそくお悩みを聞きたいと思いますが どうされました？

営業の仕事をしているのですが・・・仕事に追われる日々で給料も上がらず・・・
不安ばかりがつのりこの先どうしていいのか分かりません・・・
家族サービスをしたくても疲れて寝てしまうし・・・
仕事を必死にやっても成績はダメで・・・
そんな時先生の本を知りこのままじゃダメだと思いコーチングを受けに来たんです
なるほど・・・よく決心しましたね
では今石神さんは夢をお持ちですか？

ゆっ夢？
何か欲しい物とか
なんでもいいんですよ
欲しい物といえば
お金ですが・・・
では幾らくらい
欲しいですか？
一千万円くらいですかねぇ
小さいですねぇ
もっと大きくていいんですよ
一億円くらいですかねぇ・・・

そうです！大きくいきましょう！
しかし貯めるどころかお金は無くなるばかりでお金が無ければ生活もできず、ご飯も食べられなくなってしまいます
お金が無くなると本当に生活ができないんですかぁ？
お金が無くなり日本で餓死する人は本当にいますか？
確かに発展途上国では今も餓死はありますでもそれは政治の問題です
実のところ世界の食糧問題は解決しているんですよ
大規模な話ですねぇ・・・

抽象度を高くしましょう！
抽象度？
簡単に言うと俯瞰(ふかん)で物事をみるということです
例えばあなたが仕事で大きな壁にぶつかったとしましょう
その壁が高ければ高いほど迷ってしまいます
障害
障害
しかしそんな壁であっても遙か上空から見れば抜け道を見つけるのは容易です
人生はある意味巨大迷路のようなもの地上にいては迷う事も多々ある
しかし視点を高く持てばゴールまで迷わずに行くことができます
GOAL!!

人生には落とし穴も存在します
抽象度の高い人は視点が高いのでいち早く落とし穴を発見できます
HIGH
LOW
しかし抽象度の低い人は落とし穴に気付く事ができません
抽象度の高い人は情報の価値も正しく判断する事ができます
特にネット上では99%以上が価値の無いものばかりです
では一般的に最も重要な情報はなんだと思いますか?
さぁ・・・なんでしょうか?
それは未来の情報です
未来がわかれば人生のお金も自由自在にすることが可能です

あなたの言うお金も
そうです
抽象度が高ければ
どの方向に進めば
お金を手に入れられるか
わかります
しかし・・・
お金に本当の価値は
あるのでしょうか？
本当の価値？
例えば一万円札は
一万円札と印刷されている
だけの紙だと言える
コンビニへ行って
おにぎりを持って帰ろうと
すれば当然
お金を請求されます
言い方を変えると
おにぎりを
お金と交換
している訳です

しかし
今までおにぎり一つで
百円請求されていたとしても
明日から値段が上がり二百円
請求されるかもしれない
鮭
¥100
ALL ¥200
ハム＆レタス
つまりお金には絶対の
価値は無いということが
わかりますか？
しかし
お金を稼ぐ事は
大切なことです
これから一億円
稼げる人間に
なりましょう
それではどうやって
お金を稼ぎますか？
それは・・・
サラリーマンを辞めて
起業するとか・・・
ですか？
いい
考えですね
でも・・・
起業するような
お金も無いし
何をしたらいいのかも
わかりません・・・

まずは稼ぎ方ではなくお金の使い方にフォーカスすることが必要です
多くの人は稼ぐ事ばかり考えているから稼げなくなっているんです
使い方…ですか？
お金の使い方が上手い人にお金が集まるという法則があります
それは何にお金を使ったか…そういうことですか？
もちろんそれもありますがもっと深い部分の話です

例えばラーメン屋でラーメンを食べるのは
あなたよりも上手に素材を調理し美味しく提供しているからです
お金そのものを運用するファンド会社もそうです
一般の人よりもお金を上手に使うのでお金を集める事ができます
つまり主観的では無く客観的に考えた方がいいでしょう
ということは自分がどういったものにお金を払いたいかを考える・・・という事ですか？

それは非常に大切です
稼ごうというマインドだけではどうしても主観的になってしまいます
ですからどういった商品やサービスにならお金を使いたいか？というマインドを持つようにしてください
しかし…お金がないのも問題ですが人脈もありません
どうすれば人脈を広げられますか？
あなたの場合サラリーマンのコンフォートゾーンに所属しているといえます
コンフォートゾーン？
すでにお金を稼いでいる自分の姿をコンフォートゾーンに変えるのです
Facebookなどで価値ある情報を発信してください
そうすることにより勝手に情報や人が集まるようになります
情報
能力
趣味
特技

人はそれぞれコンフォートゾーンに合わせたコミュニティーに所属しています
子ども
学生
大人
あなたが価値ある情報を発信すればあなたを中心としたコミュニティーができあがります
気をつけなければならないことは「すぐに稼げます」といった情報発信を追いかけないことです
大切なことは自分で情報を発信する事です
なるほど・・・何だか気持ちが変わってきた気がします・・・
それが大切です恐れずにチャレンジしてください応援しています
ありがとうございます!

第七章 お金を稼ぐ

◆学校では教えてくれない方程式

フリーターという立場がコンフォートゾーンにある人の話をします。

フリーターとは時給、つまり自分の時間を切り売りして、その対価としてお金をいただいている労働者のことです。この時間を切り売りする行為は非常に危険な考え方です。あなたに大きな苦しみを与える罠だと思ってください。

まずは時間を切り売りする考え方を捨てましょう。これはアルバイトだけではなく全ての仕事に当てはまります。なぜなら時間というものは私たちの「命そのもの」です。まさしく命を削ってお金をいただいているわけです。

人生80年であれば、1日24時間×1年365日×80年＝700800時間が私たちの時間であり命です。70万時間です。たった70万時間しかありません。その限りある命をお金のためだけに切り売りするのはやめましょう。

それは、あなたの貴重な1時間をワゴンセールのように叩き売っているのと同じ行為です。時間を切り売りしなくてもお金を稼ぐことはできます。

まず基本的な概念から話すと「**お金とは価値との等価交換**」です。

ラーメン屋さんであれば、美味しいラーメンという価値を提供し、その対価としてお金をいただいています。営業の仕事であれば提供した商品が価値を生み出し、その見返りとしてお金をいただいています。デザイナーであれば今までになかった多くの人に愛される商品を生み出していますし、警察官であれば市民の安全を守るという価値を生み出しています。つまり、あなたが生み出した価値とお金を交換しているのです。

もし、1億円を稼ぎたいのであれば、1億円の価値を生み出せる人になればいいのです。よくハリウッドスターの映画1本のギャラが何十億円などと報道されていますが、その映画の興行収入を見てみると数百億円、数千億円という莫大な売り上げを出しています。

あなたの貴重な人生を切り売りしなくても、大きな価値を生み出せる人間になれば、お金はいくらでも手にすることができるのです。

しかし、世の中を見渡せば、お金のためだけに本当はやりたくない仕事をしている人がたくさんいます。また、お金がなくなることに恐怖を感じる人もたくさんいるでしょう。

そもそも、どうしてお金がなくなることに恐怖を感じるのでしょうか？

その恐怖の源泉は、私たちのＤＮＡに刻まれている「飢餓」が原因です。

つまり、お金がなくなると飢えて死んでしまうという恐怖が私たちに埋め込まれているのです。学校では教えてくれない方程式をご紹介しましょう！


お金がなくなる＝ご飯が食べられない＝餓死

このイメージが私たちのＤＮＡに強烈に刷り込まれています。

人類４００万年の歴史を振り返ってみると、そのほとんどが飢餓との闘いでした。およそ1万年前に農耕が行われるようになるまでは、他の動物と同じように一日中食べ物を探していたわけです。つまり人類４００万年の歴史のうち少なくとも３９９万年以上が飢餓との闘いだったのです。その結果、人類のＤＮＡに飢餓への恐怖が埋め込まれました。

そして、ここからがさらに大切なことなのでよく聞いてください。

それは「**人類はすでに飢餓を克服している**」ということです。

アフリカなどの極貧国ではまだ飢餓との闘いは残っていますが、それは政治が原因の飢餓です。遅くとも20世紀後半までに、地球で生産される食料は全人類が必要とするカロリーを上回っています。少なくとも先進国の日本で餓死することはよほどの理由がない限りありません。

もし、食べるためだけに働いているのであれば、もう一度よく考えてください。

餓死することがないのであれば、どんな仕事をしていても食べていけるということです。〝have to〟から〝want to〟にマインドを変えるチャンスでもあります。

◆お金は便利なパスポート

ここからはお金の性質とその本質について話していきます。

日本人にはお金儲けはどこか悪いことをしているというイメージを持たれている方が意外とたくさんいます。「お金持ち＝悪いことをしている」「お金＝悪」というイメージです。

もちろん人を騙してお金を奪ったり、何か悪いことをしてお金を稼いだりすることは当然やってはいけませんが、仕事を成功させて多くのお金をいただいたり、自分でビジネスをしてお金を稼いだりすることは全く悪いことではありません。

また、お金を稼ぐことに罪悪感を抱く人も多くいます。人一倍の仕事をしたり、大きな価値を生み出しているのにもかかわらず、自分はお金を受け取ってはダメだと思う感覚です。お金をいただくことに罪悪感を持つ必要はありません。

どうしてこのようなことを話すのかというと「お金＝悪」というようなイメージを持っているとお金を稼ぐことが難しくなるからです。お金持ちは悪人というイメージが刷り込まれていれば、自分はお金持ちになってはいけないというイメージが強くなります。

先ほども話した通り、お金とは「価値との等価交換」です。

お金を稼ぐということは人よりも多くの税金を納めます。自分でビジネスをしていれば、従業員やその家族まで支えるわけですから、日本全体のためにもプラスに働きます。

もちろん「金の亡者になれ！」という意味ではありません。

お金を稼ぐことだけが目的になると、人生の目的自体が変わってしまいます。

あくまでも人生を楽しむため、夢を叶えるために、お金を稼ぐのです。

「**お金は便利なパスポート**」こう思うと分かりやすいと思います。

パスポートがあれば好きな国、行ってみたい国に行くことができます。しかし、パスポートがなければ、あなたがどれだけ行きたくても行くことができません。つまり、パスポートを取得すれば、選択肢の幅が広がるのです。

お金も同じです。持っていれば選択肢の幅が広がります。旅行の例えで話すと、お金がないとまず旅行に行きたくても行くことができません。お金が少額であれば、まず予算から考えなくてはいけません。飛行機もエコノミークラスしか乗れません。ホテルも同じです。滞在期間中の食事やお土産まで制限されてしまいます。

しかし、お金がたくさんある人はどうでしょうか？

ファーストクラスでもビジネスクラスでもエコノミークラスでも、自分の好きな席を確保できます。もちろんホテルもそうですし、食事もそうです。お金がない人と比較すると、明らかに選択肢の幅が広がることが分かります。さらにお金がある人はプライベートジェットで行くという選択肢も可能になります。

数ある選択肢の中から自分の好きなモノを選べる、これがお金がパスポートと同じという意味です。ファーストクラスの料金でも全く困らないという人でも、エコノミーが好きであればエコノミーを選択すればいいのです。はじめからエコノミーしか選択肢がない人とたくさんの選択肢がある人、どちらの方がいいでしょうか？

これは旅行だけでの話ではありません。生活の全てにおいて、その選択の幅が広がります。100万円の家賃の家でも3万円の家賃の家でも好きな家に住めますし、衣食住の全てに関わってきます。

Tシャツ1枚を選ぶにしても、5万円のTシャツでも1000円のTシャツでも価格に関係なく自分の好きなTシャツを選ぶことができます。

選択肢の幅は、あなたの家族にまで影響します。

仮に、あなたのお子さんが、「ピアニストになりたい！」という夢を持ったとします。しかし、お金がなければ、その夢を叶えてあげられないかもしれません。

大きな病気になった時も、非常に困ります。

お金があって困ることはありません。お金だけの理由で夢を諦めないでください。

旅行に行きたいのであればパスポートを取得すればいいように、夢を叶えるために、お金が必要なのであれば稼ぎ出せばいいのです。それは悪いことでも、罪悪感を抱く必要もありません。

もしあなたがお金を稼ぐことに悪いイメージがあるのであれば、今日から「お金は便利なパスポート」と割り切って考えてみてください。

◆お金は稼ぎ方より使い方

お金を稼ぎたいと思う人は、お金の使い方にフォーカスしてください。
あなたは毎月のお小遣いを何に使っていますか？
家賃などの固定費は除いて、最も多くお金を使っているモノは何でしょうか？
洋服代でしょうか？　食費でしょうか？　何かのコレクション代でしょうか？
大切なことは使い方です。

あなたが普段「何にお金を使っているか？」、これが非常に重要です。
一言でまとめると、**お金は全て資産を買うことだけにフォーカスしてください。**
それでは本書で話す「資産」とは何か？
それはズバリ！、「自己投資」です。

飲み代やパチンコ代など娯楽ばかりにお金を使うことは、ただの浪費でしかありません。
もちろん、よほどお金を稼いでいる経済的自由人なら話は別ですが、今よりお金を稼ぎたいという人は必ず資産を買うようにしてください。

あなたが成長をして大きな価値を生み出せる人間になれば、好きなだけお金を稼ぐことができるからです。そもそも、自己成長がなくて夢を叶えることはできません。

今すぐお金に変わらなくても全く構いません。将来的に今月、あなたが使うお金が資産になればいいのです。キャリアアップスクールに通ったり、本やセミナー、勉強会などに投資しましょう。使うお金は全て「自己成長」のためです。

「自己成長」という名前の種をたくさん蒔いてください。
そして努力という名前の水と光を与えましょう！
必ず芽が出て、木になり、そして実がなります。
あなた自身が大きな木になるのです。

確認のために言いますが、宝くじを買ったり、パチンコをしたり、物欲に負けいろいろな商品を買うことはただの浪費です。また、「簡単に稼げます」といった怪しいセミナーや教材にも気をつけてください。一瞬で人生が変わったり、大金が稼げるようになるのであれば、誰も苦労はしません。そんな意味のないことにお金を使わないようにしてください。

ニセモノが非常に多い世の中です。情報に振り回されないようにしてください。

大切なことは自分自身を成長させることです。自己成長という種を蒔いて、水をあげることだけにフォーカスしてください。自己投資、自己成長は全てに勝るスキルです。

たとえば、ソフトバンクの孫社長がある朝起きるとアフリカ大陸に住む15歳の少年になっていたとします。姿形が変わっただけで考え方や脳みそは孫さんのままです。

その半年後、1年後には、きっとその少年は何かのビジネスで大成功しているでしょう。

お金を稼ぐスキルが高い人は、どんな状況にあっても必ず頭角を現します。

自己投資に回すお金がない人は、図書館を利用したり、インターネットを利用して勉強すればいいのです。

また漫画では、お金の使い方が一番上手い人の所にお金が集まると説明しました。

私が提案するお金の使い方を聞いてください。

現在の日本では年間5兆円もの防衛費が使われています。防衛費は諸外国などからの侵略行為を未然に防いだり、国民の安全を守るために使われています。

防衛費、これも一つのお金の使い方です。しかし防衛費5兆円のうち6割ものお金が人件費や食料費、設備維持費などに消えているのが実情です。5兆円というお金はもちろん全て税金です。大切な税金をもっと有効に使うことはできないのでしょうか?

地球全体を見ると現在、10億人もの人たちが飢餓で苦しんでいます。10億人の1年分の食料は1兆円でまかなうことができます。カロリーメイトのような食品を製造し、配布すればよいのです。毎年5兆円も使われているうちの5分の1のお金で、10億人もの人々を飢餓から救うことができます。もし我が国、日本が10億人もの人々を飢餓から救えば、そのような国を誰が侵略するでしょうか?

万が一侵略する国があれば、10億人の人々はもちろん、世界各国が味方してくれます。10億人もの人々を飢餓から救い、世界各国から尊敬される国になる。それによって日本国民が平和に暮らすことができるのであれば、年間1兆円のお金の使い方として、これ以上のものはあるでしょうか?

これが私の提案であり、お金の使い方です。このような法案が通ればすぐにでも1兆円を集めることができます。あなたが納めた税金で10億人もの人々を救うのです。これに文句を言う人はまずいないでしょう。お金を上手く使う人の所にお金は集まります。

これは実際のビジネスでも同じです。「お金を稼ごう!」とは考えず、お客様より上手くお金を使うことにフォーカスしてください。お客様が断る理由が見つからない商品を提供するのです。そして、お客様から「ぜひ売ってください！」と言ってもらえる商品やサービスを客観的に徹底的に考えてみてください。

この章の最後に、具体的な目標設定とマインドについて話します。

とりあえず、お金を稼ぐ目標は、現在の年収の10倍に設定してください。絶対に現在の年収の2倍、3倍の目標を掲げないでください。

なぜなら、ゴール設定とスコトーマのパートで話した現状の延長線上のゴールだからです。そのゴール設定では、現状の仕事を2倍、3倍頑張ろうとするだけです。それでは、ますますスコトーマが強くなりゴールを達成することは難しくなります。

ですから、最低で10倍、１００倍でも構いません。現状のあなたでは到底無理だと思うゴールを設定してください。そうすることにより、スコトーマが外れ新しい情報を取り入れ、新しい行動をするようになります。これが具体的な目標設定です。

気をつけなければいけないことは、お金を稼ぐことが目的にならないことです。

あくまでも、あなたのゴールとして設定した夢をサポートするためのものなのです。

〈第七章までのまとめ〉

- 夢を叶える最初のステップはゴールを設定すること、2つ目のステップはエフィカシーを高め自信を持つこと
- RASは非常に便利なアンテナ
- RASは私たちの脳の検索ワード
- RASを有効活用するためには、現状では絶対に達成できないと思うゴールを設定し、絶対に目標を下げないこと
- お金は便利なパスポート、お金があれば選択肢の幅が広がる
- お金のためだけで夢を諦めない
- お金は価値との等価交換
- 時間の切り売りはやめて、自分で価値を生み出そう
- お金の使い方にフォーカスする、資産を買う
- 自己成長することが大切、お金を稼げる人になろう！

最終章

夢を叶える最終兵器

◆リーダーになる

いよいよ、夢を叶える最後のステップです！
あなたが夢を叶えるまで3つのステップがあると話してきました。
最初のステップはゴールを設定すること。
2つ目のステップはエフィカシーを高め自信を持つことでした。

3つ目のステップは「リーダーになること」です。

リーダーとは、夢という目標に向かい自信を持って実際に行動をする人です。
いつの時代も強いリーダーが求められています。多くの人を正しい方向に導く人です。

もしかしたら、「自分はリーダーに向いていない」「自分には無理だ！」と言われる方も多いかもしれません。しかし、いきなり「強いリーダーになれ！」ということではなく、まずはあなた自身のリーダーになってほしいのです。自分自身を正しい方向に導ける人です。他人から言われ仕方なく行動したり、他人の意見に流されるのではなく、自分で考え行動できる人です。自分自身にイノベーションを起こせる人になってください。

あなた自身のことをあなたが決めないで、一体誰が決めるのでしょうか？

優柔不断な人生にサヨナラをしましょう！

受け身の人生、クヨクヨ落ち込む人生はあなたらしくありません。

まずは、あなたのエフィカシーに「私は素晴らしいリーダーになれる人間だ！」という評価を与えてください。

これまで話してきた全ての内容が、この最終ステップに集約されています。

あなたは必ず素晴らしいリーダーになることができます。

こんな架空の話からリーダーの役割について考えてみましょう。

日本人のグループ5人が熱帯雨林のジャングルに紛れ込んでしまいました。助けを呼ぶにも携帯電話が通じません。地図もなければ方角さえ分かりません。さらに食料もほとんどない。このような状況下で、リーダーの役割とは何でしょうか？

下手に動くとさらにジャングルの奥地に迷い込んでしまうかもしれません。しかし、動かなければ食べ物もなくなってしまいます。夜になれば完全な暗闇です。メンバーの精神状態も限界を迎えるかもしれません。

リーダーの役割、それはリーダー自らが高い木によじ登り、現在の位置を確認しつつ、進むべき方向をメンバーに示すことです。リーダーとは自分はもちろん、メンバー全員を正しい方向に導いていく存在でなければいけません。もし間違った方角に導けば、メンバー全員の命を危険に晒すことになるからです。

これは実社会においても同じことが言えます。会社であれば社長の判断が社員の道しるべでなければいけません。その判断を誤れば会社が倒産する危険もあるからです。スポーツでもそれは変わりません。サッカーであれば、監督や司令塔がそれにあたります。一流のリーダーとは、自分の夢はもちろん、他人の夢も叶えることができる人です。

まずは、あなた自身のリーダーにあなた自身がなりましょう！

迷わない心、信じる心、誠実な態度、自分の道は自分で切り開いていきましょう。

あなた自身で考え、決断し、行動をしましょう。

輝かしい未来は勇気ある、あなたの第一歩からはじまります。

◆リーダーとは抽象度の高い人

リーダーに大切なことは「抽象度（ちゅうしょうど）の高さ」です。

「抽象度」を簡単に説明すると俯瞰（ふかん）で物事を観るという意味です。

サッカーの司令塔であれば、ゲームの流れ全体を俯瞰で観なければいけません。

先ほどのジャングルの話では、高い木によじ登ることが抽象度のハシゴです。高い木によじ登ることで、下からでは分からない情報を知ることができます。リーダーは進むべき道をグループのメンバーに示さなくてはいけません。誰よりも高い視点を持って、正しい道を切り開く人間です。また、人の気持ちが分かることも非常に重要なポイントです。

抽象度とは、まさしく人生のハシゴであり、そのハシゴを高く伸ばせる人ほど、あらゆる情報や世の中の出来事を正確に把握することができます。

つまり、抽象度というハシゴが長ければ長いほど夢を叶えることが有利になるのです。

ここで抽象度の基本的な概念を簡単に説明します。

たとえば〝犬〟の抽象度を上げていくと次のようになります。

犬↓哺乳類↓動物↓生物　となります。

今度は抽象度を下げてみます。

犬↓チワワ↓ジョン（飼っている犬の名前）　となります。

この話でいうと、「ジョン」というのはあなたが飼っているチワワの名前という意味です。世界に1匹しかいません。「ジョン」から一段階抽象度を高くするとチワワになります。チワワは世界中に何千、何万匹もいます。さらに抽象度を高くすると「犬」になります。犬であればチワワやシェパード、ブルドッグなど全ての犬種を含みますので何百万匹、何千万匹にもなります。もう一段階抽象度を高くすると哺乳類です。この場合、犬はもちろん、猫や人間まで含まれますので何百億という数になります。

さらに動物になると犬や人間などの哺乳類はもちろん、鳥類、は虫類、魚類なども含まれるのでさらに数が増えます。生物までくるとアメーバのような単細胞生物から地球上に存在する全ての生物はもちろん、地球以外の生物までをも含みます。

つまり、抽象度が低いと1つのモノに執着、固執（こしつ）している状態。

抽象度が高いと幅広い視点で多くのモノを客観的に観ている状態です。

「ジョン」に視点を合わせている場合、○○さんが飼っているチワワのジョン。生後6カ月オス、毛色は○○色、特技は○○、好きな食べ物など具体的な情報が出てきます。

1つ抽象度を上げ「チワワ」に視点を合わせると、世界的に公認された最も小さい犬種。

さらに1つ抽象度を上げ「犬」に視点を合わせると、哺乳類の一種。

このように抽象度を上げていくと、具体的な情報が削り取られていきます。

この抽象度の概念を私たち人間に当てはめてみましょう。


抽象度の低い人の視点は常に自分です。一言でいうと自己中心的な人です。自分の視点からでしか物事を判断できません。そして自分に興味があるものしか見ません。

これは幼稚園児の行動を思い出してみれば分かりやすいと思います。たとえば幼稚園児が集団で道を歩いています。他人のことは全くお構いなし、常に自分のペースです。興味があるものしか見ません。たくさんの人がいる場所でも平気で大きな声を出したりもします。この自分中心でしか物事を見られなかったり考えられなかったりする人が抽象度の低い人です。

分かりやすく幼稚園児で話をしましたが、大人でもそういう人はいますよね？


それでは抽象度の高い人とはどんな人でしょうか？

それは常に広い視野を持ち、物事を俯瞰で観ることができる人です。

先ほども話したサッカーの司令塔であったり、会社であれば社長など全体の流れを把握し、正しい方向に導ける人です。

さらに重要なことは、人の気持ちや考えも手にとるように分かるということです。


ここで車の運転免許証を持っている方は、はじめて車を運転した日のことを思い出してみてください。実際にハンドルを握り、はじめて道路を走った時、どんな気持ちでしたか？

確認することが多く、何かと大変ではありませんでしたか？

こんな感じです。まず進行方向を見ないといけない、左右の車線もチェックしないといけない、ルームミラーで後方も見ないといけない、さらに道路標識を確認し、スピードも確認しないといけない、自転車やバイク、歩行者にも注意をしないといけない。慣れるまで何かと大変です。

これも1つの抽象度です。車を運転される方は、歩行者よりも、より多くのことを見なければいけません。いつ子どもが飛び出してくるかも分からないので、当然、子どもたちよりも全体の流れを把握しなければいけません。視点を高く保つことが大切です。

歩行者の立場、自転車の立場、バイクの立場、他の車の立場、それぞれの立場に立ち、より多くの情報を把握しなければいけません。

これが視点を高く持っている状態です。これは大学を卒業したばかりの新入社員が、いきなり大企業の社長の代わりができないのと同じです。その理由は長年ビジネスをしてきた社長の抽象度の方が、新入社員の抽象度よりも高いからです。

抽象度が高くなるとどういった体験ができるのか具体的に話します。


たとえば人と会話をしていると、「この人は最終的にこの話をするな」と先のことが分かったり、その人の本質まで見抜くことができます。これは話している人よりも高い視点に立っているので分かる現象です。子どもと会話していると、こう考えて、こう思っているだろうな、と分かることがあります。それは子どもよりも抽象度の高い視点で会話をしているから分かることです。そういったことが大人同士でも起こるようになります。

また素晴らしいアイデアが次々と浮かんできたり、問題の解決方法がすぐに分かったりします。

さらに抽象度が高くなると、そもそも問題や危機自体に遭遇しなくなります。なぜなら、いち早く危機を察知して回避するようになるからです。

◆点ではなく面で捉える

抽象度の低い人は「点」でしか物事を捉えることができません。それに対して抽象度の高い人は点ではなく「面」で捉えます。

若者の街、渋谷のスクランブル交差点。そこへ1匹の蟻がやってきました。想像してください。あなたは今からあの小さな蟻になります。視界も2次元的であまりよく見えません。つまり「点」で物事を見ている状態です。周囲では何だか分からない爆音が聞こえます。さらに自分の周囲には巨大な岩が次々と落ちてきます。周囲の爆音というのは車のエンジン音や人々の話し声、雑踏や音楽などです。巨大な岩というのは私たち人間の足です。

蟻は何かに導かれたように道の向こう側へ渡ろうとしています。蟻の立場になってみると渋谷のスクランブル交差点はまさに地獄ですよね？人間であれば蟻が無事に生きて渡れないのが分かりますが、蟻にはそれが分かりません。なぜなら、蟻は点でしか物事を見ることができないからです。点で物事を見ていては、自分の置かれている状況や立場など分からないことだらけです。

抽象度の高い人が実際の世の中を見渡すと、こういったスクランブル交差点が無数にあることが分かります。しかし、渡っている本人にはそれが分からないのです。

また、普通の人が物事を「点」の状態で見ることがあります。たとえば、パニックに陥った時などです。周りのことが見えなくなり、何も考えられなくなります。仕事で大きなトラブルが起きた時も同じです。「トラブルが起きた！」という点の情報だけで私たちの頭がジャックされてしまいます。他のことが考えられない状態です。

そんな時ほど、この蟻の話、そして抽象度の話を思い出してください。点ではなく面で物事を捉えれば解決方法も出てきます。

人生には幾つもの壁があります。仕事で行き詰まったり、人間関係で問題が起きたり、金銭トラブルなど様々です。その度に私たちは頭を抱え、不安を覚え、心身ともに疲れてしまいます。そんな時にこそ、この抽象度の話を思い出してください。

スコトーマの章で話した思い込みがないだろうか？

集中しすぎて見えなくなっている部分はないだろうか？

根本的な間違いが見えてくるかもしれません。

また、「点」だけで物事を見ていると、きっかけ自体を見失うパターンがあります。

たとえば、そもそも、歌手を目指して田舎から東京に出てきたのに、気付いてみたら普通のサラリーマンになっていた。そもそも、マンションを買うために貯金をしてきたのに、気付いてみたら全く別の物を買っていた。当初の目的を見失ってしまうパターンです。

この本は、夢を叶えるための本です。そもそも、夢を叶えるために頑張ってきたのに、気付いてみたら他人の意見に流され夢を諦めてしまった。そんな結果に終わってほしくありません。迷った時などは、一度立ち止まり「そもそもの目的」を思い出してください。

このパートの最後に、「思い込みと勘違い」のこんな話をします。

アメリカで牧場を経営している男がいました。

ある日、放牧していた牛を牛舎に入れている時、一頭の子牛が牛舎の目の前で立ち止まり、動かなくなってしまいました。そこで男は叩いたり引っ張ったりしましたが、子牛は全く動きません。子牛といえど、100キロは優にあるからです。

そこで男は別の男を呼んで、2人で力を合わせて牛舎に入れようとしました。力いっぱい思いっきり押してみましたが、それでも子牛は動きません。

男は子牛が思い通りに動かないことに腹を立て、思わず怒鳴り声を上げてしまいます。言葉が通じない子牛に向かって、汚い言葉を投げかけます。

当然、子牛には全く変化がありません。

そこに牧場主の5歳になる娘がやってきて、子牛の前に哺乳瓶を差し出しました。するとと子牛は喜んで哺乳瓶をくわえ牛乳を飲みはじめました。

その状態のまま、女の子が歩き出すと、子牛はそのまま牛舎に入っていきました。

この話は「本当の問題は何か？」ということを分かりやすく描いています。

動かないから力いっぱい押してみるというのは、点でしか物事を見ていない状態です。「動かない」という一点しか見ていないわけです。

どうして動かないのか？　その本質を見極めることが大切です。大きな問題に直面した時ほど抽象度というハシゴを思い出してください。そして今の自分はそのハシゴのどの高さから物事を観ているのかを客観的に考えてみましょう。ひょっとすると子牛を力ずくで動かそうとしていた牧場主と同じようなことをしていることに気が付くかもしれません。

◆天才とは抽象度の高い人

世の中で「天才」と呼ばれる人たちは間違いなく高い抽象度の持ち主です。ビジネスマンで言えば、Microsoft のビル・ゲイツ氏、Apple の故スティーブ・ジョブズ氏、日本でおなじみのソフトバンクの孫正義氏、若手だと Facebook 創設者マーク・ザッカーバーグ氏などです。歴史に名を残したアインシュタインやレオナルド・ダ・ヴィンチ、エジソンに釈迦なども非常に高い抽象度を持つ人たちです。

天才と言われる人たちに共通している点は、非常に高い抽象度を持っていることです。抽象度が高くなると、普通の人が見ることができない情報空間を観ることができます。

情報空間とは、インターネットやテレビ、新聞、雑誌、映画などリアル世界ではない、情報だけの世界です。その情報の中にも、抽象度の概念が適用されます。

たとえば、テレビのワイドショーを見ると、誰かが浮気した、離婚した、など非常に抽象度の低い情報しかありません。

抽象度が高い情報とは、アインシュタインがたどり着いた「$E = mc^2$」というような世界。

美しいほどシンプルな式の中に莫大な情報量が詰まった世界です。

また釈迦がたどり着いた「悟り」の世界や、神の旋律とも呼べる、モーツァルトなどがたどり着いた音楽の世界です。

インターネットが普及し、これまでにないほどの情報が氾濫している時代です。

情報が多すぎて何を信用していいか分からないという方も多いでしょう。

そういう時代だからこそ、天才たちが生み出した抽象度の高い世界に触れてください。

音楽や小説、映画、学問など天才たちが残した本物の情報です。

抽象度の低いテレビ番組を見るのではなく、モーツァルトの音楽を聞きながら、文豪が残した小説を読む。このように抽象度の高い情報を意識して取り入れてください。

抽象度の高い情報に触れている時間が長くなればなるほど、あなたの抽象度も高くなっていきます。それは本物だけが持つ圧倒的な抽象度の高さが、あなたの抽象度を引き上げるのです。本物が分かればニセモノが分かるようになります。この時点であなたの抽象度は格段に高くなっています。ニセモノばかりの世界にいると抽象度は低いままです。

どれだけ情報が氾濫していても、本物の情報、抽象度の高い情報はごく一部だけです。

その本物を見抜く力を養うために、まずは本物の情報に触れてください。

◆情報の断捨離

あなたはこれから抽象度を高くし、素晴らしいリーダーになる人です。

抽象度を高くするために、まず実践してほしいことがあります。

それは抽象度の低い情報や場所、そして人から距離を置くことです。

つまり、情報の断捨離です。不要な情報を捨てることです。

抽象度の低い情報は取り入れても意味がないばかりか、あなたを惑わす原因になります。年末の大掃除と同じで整理整頓の「整理」からはじめてください。

「整理」とは、必要な物と不必要な物を分け、不必要な物を処分することです。


抽象度の低い情報や場所には、抽象度の低い人が集まる傾向があります。

たとえば、日本最大級の掲示板サイトなどでは、日々、誹謗中傷のオンパレードです。

つまり、抽象度の低い人たちばかりが集まっているわけです。抽象度を高くする人はこのような場所に身を置いていてはいけません。

本物の情報や価値の高い情報は、抽象度の低い場所にはありません。

高級ブランドバッグを１００円ショップで必死に探しても見つからないのと同じです。

そして恐ろしいことは、抽象度の低い場所や空間に長時間滞在していると、抽象度が低くなります。抽象度の低い場所には強い欲望が渦巻いています。その強い欲望のパワーが、あなたを引きつけ抽象度を引き下げるのです。

想像してください。誹謗中傷ばかりのサイトを見ている時に、何か素晴らしいアイデアが思いつくでしょうか？　ギャンブル場など強い欲望が渦巻く場所で、集中力を保ち真面目に勉強することができるでしょうか？　人の文句や愚痴、ワイドショーのネタ話など、どうでもいいことしか話さない人と一緒にいてクリエイティブな会話ができるでしょうか？

抽象度の低い情報に頭がジャックされてしまうと、抽象度の高いインスピレーションを受けたり、勉強したりすることができなくなります。成長するどころか、衰退する一方です。

それは、あなたが悪いのではなく、あなたがいる場所に問題があるのです。

あなたの職場では仕事に集中できる環境が整っていますか？

常に高いパフォーマンスを生み出すことができているでしょうか？

もし、そうでない場合は仕事に集中できる環境を整えていきましょう。

それは情報の断捨離であり、環境の断捨離であり、人の断捨離です。

◆人は人に影響される

情報の断捨離をした後に、あなたがすべきことは2つあります。

まず、漫画の中に書いた、価値のある情報の発信です。

そして、抽象度の高い本物の情報に触れることです。

今の時代は、昔と違いFacebookやTwitterなどのSNSが非常に発達しています。Facebookのユーザー数は世界で11億人を突破し、ネット上の巨大な国家が確立されつつあります。あなたも価値ある情報を発信してください。何を書いていいか分からないという方は、まずはこの本を読んだ感想から書いてみましょう。いろいろな情報に触れ、それを発信するのです。それを続けることにより、あなたを中心とした、あなたがリーダーとなったコミュニティーが出来上がります。これは人脈の構築にもなります。

それと同時に、今のあなたよりも抽象度の高い人や情報に積極的に触れるようにしましょう。人は人に影響される生き物です。現在のあなたよりも抽象度の高い人や情報があなたの抽象度を引き上げてくれます。

1つだけ気をつけなければならないことは、ニセモノ情報発信者のフォロワーにならないことです。魅力的な言葉だけを並べているニセモノの情報発信者もたくさんいますので、本物を見抜く力をつけてください。必ずあなたの抽象度が高くなっていきます。

抽象度の高い人たちと時間を共有し、抽象度の高い情報に触れましょう。

まずはあなたが尊敬できる人、リーダーだと思う人を探してください。

その人が書いた本やブログやFacebookの投稿記事などを読み、その思考を取り入れてください。それを自分の言葉や考えにして発信するのもいいでしょう。当然、この本にも圧倒的に抽象度の高い情報を詰め込みました。本物の理論です。必ずあなたの抽象度を引き上げてくれます。大切なことは抽象度の高い情報に触れることです。

抽象度を高くするには、抽象度の高い人や情報や場所などに触れ、それを取り込み、さらに実際に体験する必要があります。

多くの人は情報を取り込んだだけで満足し、実際に体験をしないで終わってしまう傾向があります。これは非常に残念な話です。必ず行動に移してください。

◆夢を叶える最終兵器

この本では、より多くの人に分かりやすく伝えるため、これまでの本とは少し違うニュアンスで書きました。人によっては、細かな違いが気になるかもしれません。

しかし、大切なことは本質です。伝えたい本質は何も変わっていません。木で言えば枝葉を気にするのではなく、幹や根など本当に大切な部分を観るようにしてください。

それでは、最後に社会におけるリーダーと抽象度の関係性を見ていきましょう。

会社であれば社長は他の社員よりも抽象度が高くないといけません。会社のリーダーであり、従業員を正しい方向に導いていく存在です。また上司は部下よりも抽象度が高くなければいけません。チームのリーダーです。政治の世界、宗教の世界、ビジネスの世界、あらゆる分野においてリーダーとは抽象度の高い人でなければいけません。抽象度の低い人がリーダーの場合、間違った判断や選択をするおそれがあるからです。つまりリーダーには責任が生じます。大きな組織であればあるほど、より抽象度の高いリーダーが求められます。これはいつの時代も同じです。もちろんこれからの時代も！

夢を叶える3つのステップのおさらいです。

1つ目のステップは、心から叶えたいと思う夢をゴールとして設定すること。

2つ目のステップは、エフィカシーを高め、自信を持つこと。

3つ目のステップは、リーダーになること。抽象度を高くし行動することです。

最初のステップ「ゴール設定」について、その大切さを具体的に話してきました。

あなたは「ゴール設定」ができましたか？

ここが第一歩です。必ずゴールを設定してください。

ここをあやふやにしている限り、あなたの人生は変わりません。

人生を変えたくない人、夢を叶えたくない人だけ、ゴールを設定しないでください。

イチロー選手、本田選手、ルフィ、孫社長などと同じマインドを手に入れてください。


2つ目のステップ「エフィカシーを高め、自信を持つ方法」について。

自信を持つ方法についても、かなり具体的に話してきました。まずは大きな志を持って小さなことからはじめてください。

どんな天才でも、いきなり大きなことは成し遂げられません。サッカーの本田選手であれば、小学生の頃から、世界を舞台にゴールを決めることを夢見て、猛練習をしてきました。

これはイチロー選手の場合でも同じです。よくテレビや雑誌などでは、イチロー選手の1打席の値段は数百万円、1本のヒットは何千万円などと、単純に年俸から割り算をしてはじき出しています。しかし、私たちが本当に考えなければならないことは、そのヒット1本を打つために、イチロー選手がどれだけ練習してきたのか？　ということです。

表面に見えている部分はほんの一部でしかないのです。

大きな志を持って、毎日の小さなマインドや行動を大切にしてください。

3つ目のステップは、リーダーになること。抽象度を高くして実際に行動することです。

まずは、あなた自身のリーダーにあなたがなってください。

あなたが夢を叶えるまで、私があなたのメンターです。メンターとは、あなたをいい方向に導く存在です。そして素晴らしい気付きを与える存在です。

もちろん、私以外のメンターを持っても構いません。メンターはあなたにプラスになる存在、人生のコーチです。思いっきり抽象度の高いメンターを持ちましょう。

人は人に影響され成長していきます。人以外のモノに人は影響されることはありません。本やテレビ、音楽、詩、映画、お金、どんなモノでも、その裏側には必ず人が存在しています。あなたに影響を与え成長させるのは人以外にないのです。

あなたが夢を叶え、幸福を感じることができれば、あなたのご家族や仲間たちも幸せのスパイラルの中にいることになります。「幸せ」は「幸せ」を呼び込みます。

あなたが何を望み、何を達成して、どのような自分になるのか、どんな家庭を築き、どのような幸せを感じたいのか、それはあなたが自由に選択することができます。

1年後の世界はあなたに関係なく勝手に移り変わりますが、1年後のあなたは自由にコントロールできるのです。未来は常に自由自在であり、常にあなたの内側にあります。

あなたは人生を圧倒的に豊かにする秘密の方法を学びました。

必ず夢が叶うプログラムです。今この瞬間こそが夢を叶える最短距離です。


あなたは素晴らしい人です！

無限の可能性を秘めた人です！

輝かしい未来は、あなたの勇気ある第一歩からはじまります。

あなたが本当に幸福な人生を歩まれていくことを心から願っています。

2013年9月　苫米地英人

■編集後記　立ち読みしなさい！■

この本の企画をはじめて苫米地先生に話した時、私は断られるのを覚悟していました。当然です。なぜなら私は出版の仕事を一度もしたことがなかったからです。本当の素人です。どのような順序があり、どのように作るのかさえ知りませんでした。嘘のようですが、本当の話です。さらにそのド素人のお願いが、前代未聞の試みだったのです。

これまでに１６０冊以上の本を世の中に送り出し、大手出版社から執筆をお願いされるほどの実績と人気のある先生が、素人から仕事の依頼をされたら普通は断ると思います。私が先生の立場であれば断ると私自身が思うのですから間違いありません（笑）。

しかし、私には使命がありました。それは苫米地先生の成功哲学をもっともっと多くの人に知ってもらうことです。多くの人の夢が叶えば、その人の周りにいる人たちも幸せになります。幸せな人が増えるとさらに豊かで幸せな国になるからです。その想いが通じたのか快く承諾していただき、このように出版することができたことが何よりの喜びです。

さらに驚くことに、かねての夢であった出版社をド素人の私が創ったのですから、まさしく現状の外側にゴールを設定し、エフィカシーを高くして行動したことの賜物だと実感しています。これは1年前の私では考えられなかったことです。

つまり、私がやったことは、この本に書かれている苫米地先生の理論を実践しただけです。ド素人の私でも、こうして出版社を創りこのような素晴らしい本を出版することができたのですから、みなさんにもできないはずがありません。


そのような経緯があり、はじめて形になったのがこの本です。120％の力を込めました。この本は私にとって子どものような存在です。ですから、この本を読んでいただいた方を微力ながらお手伝いしたいと思います。それは、この本に関する質問を受け付けること。この本を読んだけど、ここがどうしても分からない、ここで苦労している、どんな悩みでも受け付けます。苫米地先生とお仕事をさせていただいていますので、先生の成功哲学や理論は理解しています。

この本で一番の大切なことは、あなたが夢を叶え、幸せになることです。

お役に立つことができれば非常に光栄に思います。

質問受け付けは「ありがとう出版のFacebookページ」にアクセスしてください。

もちろん全て無料です。Facebookのアカウントがない方でも、どなたでもアクセスすることができます。検索ワードは「ありがとう出版」。Facebookページが出てきます。

苫米地先生の人柄をよく聞かれるのですが、正直何と答えていいか分かりません。難しい学問の話だけでなく、ドラゴンクエストやファイナルファンタジーといったゲームの話題から、カリスマ美容師の話題など、どんな話でも何時間でも語れるほど膨大な知識があり、いつも驚かされています。

人柄については常に自然体。何千人という人たちの前でスピーチやセミナーをする時でも、まるで自分の部屋にいるようにリラックスしています。非常に専門的な話をするかと思えば、子どものように笑ったり、ギターを何時間も弾いたり、2万円もするハンバーガーを食べているかと思えばコンビニのおにぎりも美味しそうに食べていたり、何十万円もするルイ・ヴィトンの洋服を着ている日もあれば、900円のTシャツを着ている日もあります。

しかし、ハッキリと分かることがあります。それは先生は探求者であり、革命家であるということ。スティーブ・ジョブズが送り出したiPhoneが日本のガラパゴス携帯を圧倒したように、現存の業界に革命をもたらすのは常に業界の外の人だと思います。古い体質の日本の政治に革命をもたらすのも業界の外の人です。苫米地先生はこの先、間違いなく日本や世界をよりよい方向に変えていく人だと思います。

最後に本書を出版するにあたり、何も知らない私に力を貸してくれたサイゾーの揖斐憲社長、漫画部門を担当してくれた頼るべき存在の椎名哲也さん、キャラクター原案の島田真司さん、同じく漫画部門で大変な役割を担ってくれた宮内理花さん、別所玲良さん、途中参戦してくれた川合琴美さん、星まりえさん、白井菜摘さん、素晴らしい〝書〟を提供してくれた書家の岡西佑奈さん。カバーの〝書〟は岡西さんの作品です。そして、各章の書を提供してくれた「励まし屋」の来栖政也さん、イラストを担当してくれた谷内理紗さん、カバーデザインを担当してくれた児玉章さん、本文デザインを担当してくれた水谷映子さん、いつも温かく見守ってくれた国際ビジネス大学校の中谷昌文会長、その他いろいろな相談に乗ってくれた皆様に、この場をお借りして深く感謝いたします。

本当にありがとうございます！

洗練されたデザインよりも本物の中身を！
これからも１２０％本気の本を作っていきます！

1年にたった3冊しか出版しない出版社　株式会社ありがとう出版　内山和久

苫米地　英人（とまべち　ひでと）

認知科学者（機能脳科学、計算言語学、認知心理学、分析哲学）。計算機科学者（計算機科学、離散数理、人工知能）。カーネギーメロン大学博士（Ph.D）、同 CyLab 兼任フェロー、株式会社ドクター苫米地ワークス代表、コグニティブリサーチラボ株式会社 CEO、角川春樹事務所顧問、中国南開大学客座教授、苫米地国際食糧支援機構代表理事、米国公益法人 The Better World Foundation 日本代表、米国教育機関 TPI ジャパン日本代表、天台宗ハワイ別院国際部長。TOKYO MX TV で放送中の「ニッポン・ダンディ」（21 時～）で木曜レギュラーコメンテーターを務める。
現在は自己啓発の世界的権威、故ルー・タイス氏の顧問メンバーとして、米国認知科学の研究成果を盛り込んだ能力開発プログラム「PX2」「TPIE」などを日本向けにアレンジ。日本における総責任者として普及に努めている。

ドクター苫米地公式サイト　http://www.hidetotomabechi.com
ドクター苫米地ブログ　http://www.tomabechi.jp
Twitter　http://twitter.com/drtomabechi（@DrTomabechi）
PX2 については　http://www.bwfjapan.or.jp
TPIE については　http://tpijapan.co.jp
携帯公式サイト　http://dr-tomabechi.jp

立ち読みしなさい!

～夢を叶える攻略本～

2013年9月8日　初版発行
2014年3月8日　2版発行
2016年11月22日　2版3刷発行
著者　苫米地英人

発行　株式会社ありがとう出版
〒136-0076 東京都江東区南砂2丁目28－3
メールアドレス arigatousyuppan@gmail.com

発行者　内山　和久

発売　株式会社　サイゾー
〒150-0043 東京都渋谷区道玄坂1丁目22－7－6F
電話　03-5784-0790

印刷・製本　シナノ書籍印刷　株式会社

装丁　児玉章
タイトル書　岡西佑奈
扉書　来栖政志
応援　姥山晃
構成・編集　内山和久

ISBN 978-4-904209-32-5